·	0	1	2	3	4	5	6	7	8	9	10
5											
10											

·	0	1	2	3	4	5	6	7	8	9	10
2											
4											
8											

·	0	1	2	3	4	5	6	7	8	9	10
3											
6											
9											

1

·5

0 · 5 =	15 = ___ · 5	15 : 5 =
1 · 5 =	10 = ___ · 5	5 : 5 =
2 · 5 =	5 = ___ · 5	10 : 5 =
3 · 5 =		25 : 5 =
4 · 5 =	20 = ___ · 5	20 : 5 =
5 · 5 =	25 = ___ · 5	50 : 5 =
6 · 5 =	30 = ___ · 5	40 : 5 =
7 · 5 =	35 = ___ · 5	30 : 5 =
8 · 5 =	50 = ___ · 5	45 : 5 =
9 · 5 =	45 = ___ · 5	0 : 5 =
10 · 5 =	40 = ___ · 5	35 : 5 =

2

·3

0 · 3 =	12 = ___ · 3	3 : 3 =
1 · 3 =	15 = ___ · 3	12 : 3 =
2 · 3 =	18 = ___ · 3	6 : 3 =
3 · 3 =	21 = ___ · 3	9 : 3 =
4 · 3 =		18 : 3 =
5 · 3 =	3 = ___ · 3	27 : 3 =
6 · 3 =	6 = ___ · 3	0 : 3 =
7 · 3 =	9 = ___ · 3	15 : 3 =
8 · 3 =	24 = ___ · 3	24 : 3 =
9 · 3 =	27 = ___ · 3	30 : 3 =
10 · 3 =	30 = ___ · 3	21 : 3 =

3

1

$\cdot 7$

$0 \cdot 7 =$	$7 = \boxed{\ } \cdot 7$	$14 : 7 =$
$1 \cdot 7 =$	$14 = \boxed{\ } \cdot 7$	$7 : 7 =$
$2 \cdot 7 =$	$21 = \boxed{\ } \cdot 7$	$21 : 7 =$
$3 \cdot 7 =$	$70 = \boxed{\ } \cdot 7$	$35 : 7 =$
$4 \cdot 7 =$	$63 = \boxed{\ } \cdot 7$	$0 : 7 =$
$5 \cdot 7 =$	$56 = \boxed{\ } \cdot 7$	$28 : 7 =$
$6 \cdot 7 =$		$49 : 7 =$
$7 \cdot 7 =$	$28 = \boxed{\ } \cdot 7$	$63 : 7 =$
$8 \cdot 7 =$	$35 = \boxed{\ } \cdot 7$	$42 : 7 =$
$9 \cdot 7 =$	$42 = \boxed{\ } \cdot 7$	$70 : 7 =$
$10 \cdot 7 =$	$49 = \boxed{\ } \cdot 7$	$56 : 7 =$

2

$\cdot 8$

$0 \cdot 8 =$	$80 = \boxed{\ } \cdot 8$	$16 : 8 =$
$1 \cdot 8 =$	$72 = \boxed{\ } \cdot 8$	$8 : 8 =$
$2 \cdot 8 =$	$64 = \boxed{\ } \cdot 8$	$32 : 8 =$
$3 \cdot 8 =$	$32 = \boxed{\ } \cdot 8$	$40 : 8 =$
$4 \cdot 8 =$	$40 = \boxed{\ } \cdot 8$	$24 : 8 =$
$5 \cdot 8 =$	$48 = \boxed{\ } \cdot 8$	$0 : 8 =$
$6 \cdot 8 =$	$56 = \boxed{\ } \cdot 8$	$56 : 8 =$
$7 \cdot 8 =$		$64 : 8 =$
$8 \cdot 8 =$	$24 = \boxed{\ } \cdot 8$	$48 : 8 =$
$9 \cdot 8 =$	$16 = \boxed{\ } \cdot 8$	$80 : 8 =$
$10 \cdot 8 =$	$8 = \boxed{\ } \cdot 8$	$72 : 8 =$

3

| 6 | 12 | | | | | | | | 60 | |

| 9 | 18 | | | | | | | | | 90 |

1 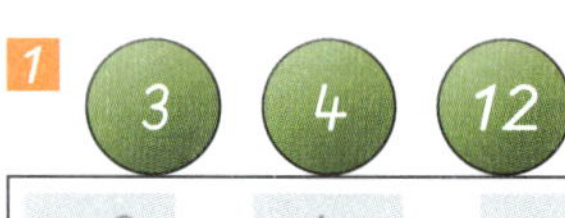

3	·	4	=
4	·	3	=
12	:	3	=
12	:	4	=

2 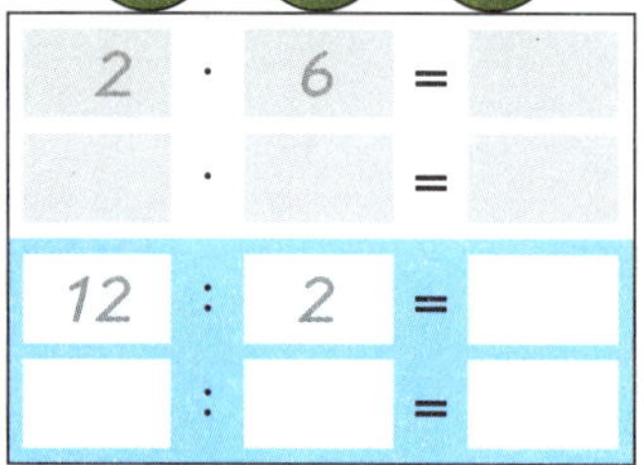

2	·	6	=
	·		=
12	:	2	=
	:		=

3 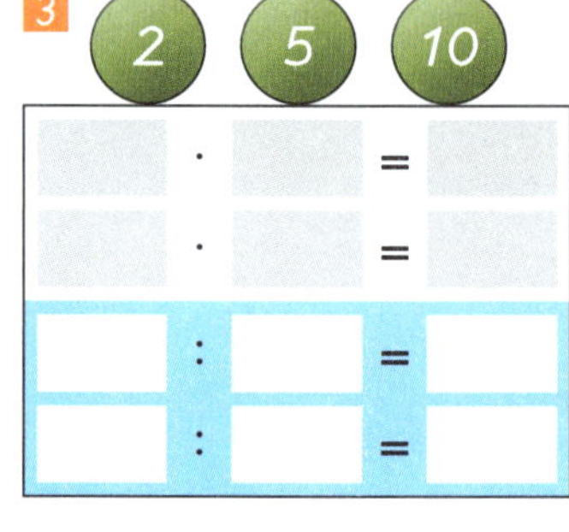

	·		=
	·		=
	:		=
	:		=

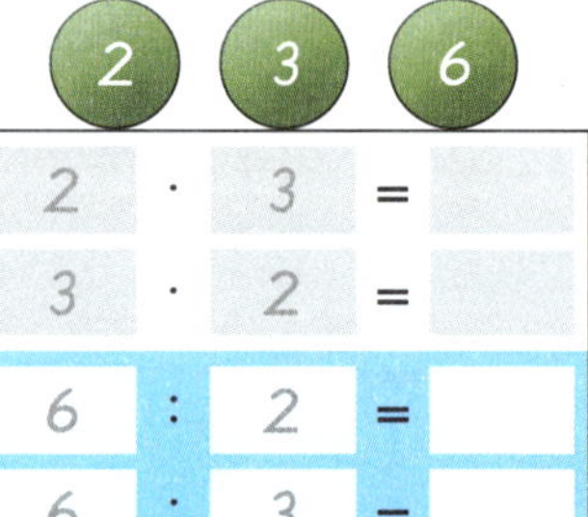

2	·	3	=
3	·	2	=
6	:	2	=
6	:	3	=

4	·	5	=
	·		=
20	:	4	=
	:		=

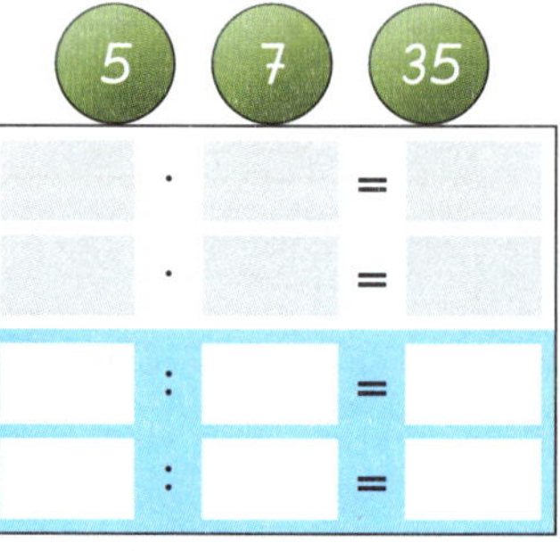

	·		=
	·		=
	:		=
	:		=

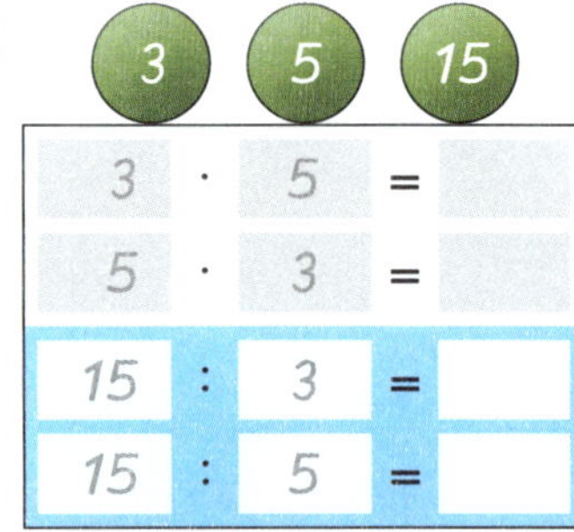

3	·	5	=
5	·	3	=
15	:	3	=
15	:	5	=

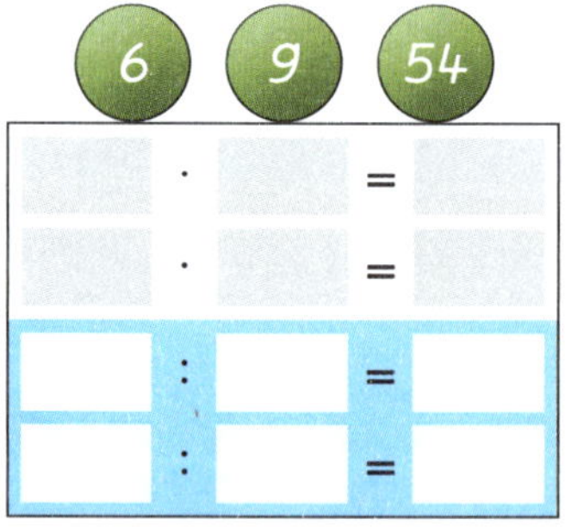

3	·	7	=
	·		=
21	:	3	=
	:		=

	·		=
	·		=
	:		=
	:		=

| 1 | 2 | 4 | 8 |

·	=
·	=
:	=
:	=

| 2 | 7 | 9 | ◯ |

·	=
·	=
:	=
:	=

| 3 | 5 | 6 | ◯ |

·	=
·	=
:	=
:	=

| 3 | 6 | 18 |

·	=
·	=
:	=
:	=

| 6 | 7 | ◯ |

·	=
·	=
:	=
:	=

| 6 | 8 | ◯ |

·	=
·	=
:	=
:	=

| 2 | 7 | 14 |

·	=
·	=
:	=
:	=

| 3 | 8 | ◯ |

·	=
·	=
:	=
:	=

| 8 | 9 | ◯ |

·	=
·	=
:	=
:	=

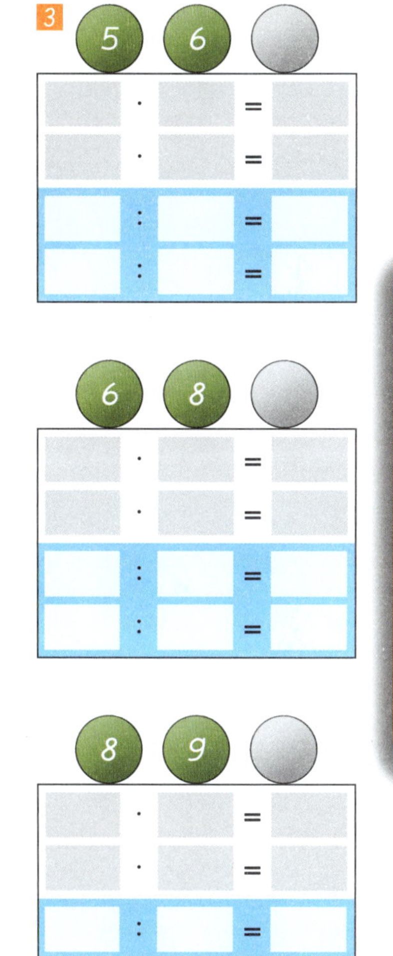

1

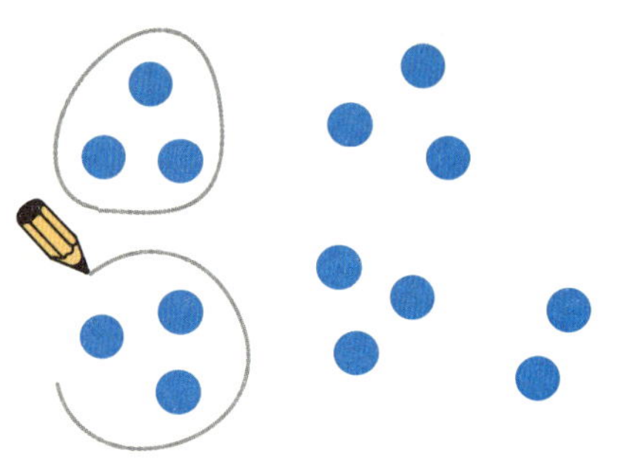

13 : 4 = 3   Rest 1

14 : 3 = 4   Rest

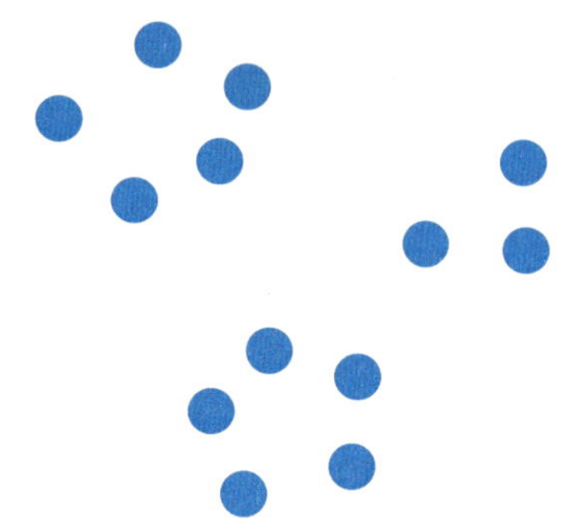

13 : 5 =   Rest

2

5 : 2 = 2   R 1
4 : 2 =

22 : 4 =   R
20 : 4 =

10 : 4 = 2   R
8 : 4 =

19 : 2 =   R
18 : 2 =

19 : 5 = 3   R
15 : 5 =

33 : 5 =   R
30 : 5 =

3

22 : 6 =   R
18 : 6 =

37 : 9 =   R
36 : 9 =

43 : 8 =   R
40 : 8 =

29 : 3 =   R
27 : 3 =

26 : 3 =   R
24 : 3 =

24 : 7 =   R
21 : 7 =

1

2

$5 : 4 =$ ___ R ___
$9 : 4 =$ ___ R ___
$13 : 4 =$ ___ R ___
$17 : 4 =$ ___ R ___
$21 : 4 =$ ___ R ___
$25 : 4 =$ ___ R ___
$29 : 4 =$ ___ R ___
$33 : 4 =$ ___ R ___

3

$6 : 5 =$ ___ R ___
$7 : 5 =$ ___ R ___
$8 : 5 =$ ___ R ___
$9 : 5 =$ ___ R ___
$11 : 5 =$ ___ R ___
$12 : 5 =$ ___ R ___
$13 : 5 =$ ___ R ___
$14 : 5 =$ ___ R ___

4

$8 : 6 =$ ___ R ___
$10 : 6 =$ ___ R ___
$14 : 6 =$ ___ R ___
$16 : 6 =$ ___ R ___
$20 : 6 =$ ___ R ___
$22 : 6 =$ ___ R ___
$26 : 6 =$ ___ R ___
$28 : 6 =$ ___ R ___

5

$19 : 2 =$ ___ R ___
$19 : 3 =$ ___ R ___
$19 : 4 =$ ___ R ___
$19 : 5 =$ ___ R ___
$19 : 6 =$ ___ R ___
$19 : 7 =$ ___ R ___
$19 : 8 =$ ___ R ___
$19 : 9 =$ ___ R ___

	Rechnung		Verkürzte Schreibweise
	$54 + 23 = 77$		$54 + 23 = 77$
	$54 + 20 = 74$	→	74
	$74 + 3 = 77$		

1

$23 + 14 =$
33

$47 + 21 =$

$15 + 13 =$

$64 + 15 =$

$34 + 11 =$

$56 + 31 =$

$36 + 23 =$

$72 + 24 =$

$42 + 14 =$

$66 + 22 =$

$31 + 33 =$

$51 + 42 =$

2

$17 + 15 =$

$46 + 26 =$

$24 + 17 =$

$65 + 27 =$

$36 + 25 =$

$56 + 25 =$

$27 + 26 =$

$47 + 37 =$

$47 + 17 =$

$77 + 15 =$

$35 + 36 =$

$58 + 37 =$

<table>
<tr><td align="center">Rechnung</td><td align="center">Verkürzte Schreibweise</td></tr>
</table>

$$56 - 34 = \boxed{22}$$
$$56 - 30 = \boxed{26}$$
$$26 - 4 = \boxed{22}$$

$$56 \quad - 34 = \boxed{22}$$
$$\boxed{26}$$

1

$27 - 12 = $

$45 - 24 = $

$36 - 13 = $

$54 - 23 = $

$63 - 11 = $

$47 - 25 = $

$35 - 21 = $

$67 - 22 = $

$96 - 32 = $

$87 - 41 = $

$97 - 26 = $

$74 - 51 = $

2

$32 - 14 = $

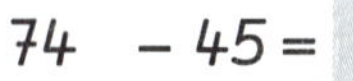

$43 - 16 = $

$41 - 25 = $

$64 - 26 = $

$55 - 27 = $

$73 - 36 = $

$52 - 17 = $

$82 - 34 = $

$74 - 45 = $

$95 - 16 = $

$83 - 27 = $

$91 - 22 = $

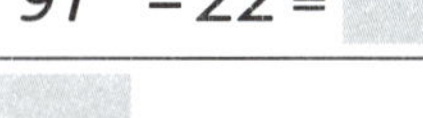

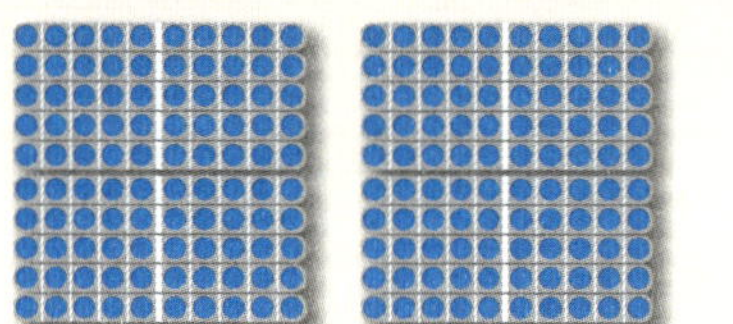
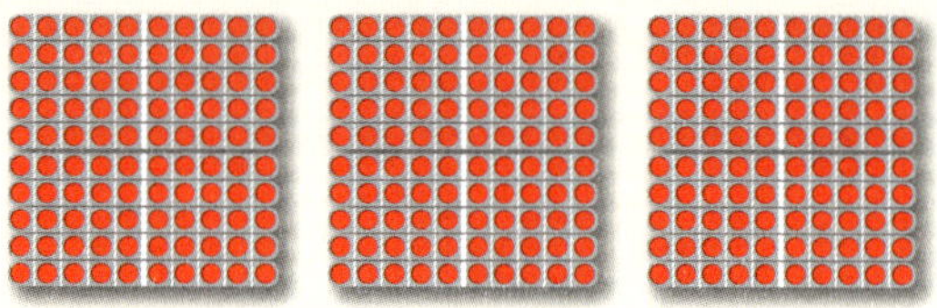

$2\ \text{Hunderter} + 3\ \text{Hunderter} = 5\ \text{Hunderter}$

$200 + 300 = 500$

1

$300 + 200 = 500$	$500 + 200 =$
$30 + 20 = 50$	$50 + 20 =$
$3 + 2 = 5$	$5 + 2 =$
$200 + 100 =$	$700 + 300 =$
$20 + 10 =$	$70 + 30 =$
$2 + 1 =$	$7 + 3 =$
$400 + 300 =$	$100 + 800 =$
$40 + 30 =$	$10 + 80 =$
$4 + 3 =$	$1 + 8 =$
$200 + 600 =$	$900 + 100 =$
$20 + 60 =$	$90 + 10 =$
$2 + 6 =$	$9 + 1 =$

2

$400 - 100 =$	$700 - 300 =$
$40 - 10 =$	$70 - 30 =$
$4 - 1 =$	$7 - 3 =$
$500 - 400 =$	$800 - 600 =$
$50 - 40 =$	$80 - 60 =$
$5 - 4 =$	$8 - 6 =$
$600 - 200 =$	$1000 - 500 =$
$60 - 20 =$	$100 - 50 =$
$6 - 2 =$	$10 - 5 =$
$900 - 300 =$	$900 - 700 =$
$90 - 30 =$	$90 - 70 =$
$9 - 3 =$	$9 - 7 =$

1

200 + 100 =
100 + 300 =
300 + 200 =
500 + 300 =
300 + 400 =
700 + 200 =
500 + 500 =
400 + 200 =
800 + 100 =
600 + 400 =
200 + 500 =
400 + 400 =

2

200 − 100 =
500 − 200 =
600 − 400 =
1000 − 300 =
800 − 300 =
1000 − 100 =
900 − 500 =
800 − 200 =
1000 − 200 =
400 − 400 =
900 − 600 =
700 − 300 =

3

1000

800 +
900 +
500 +
700 +
300 +
600 +
0 +
100 +
400 +
1000 +
200 +

1000

+ 800
+ 900
+ 500
+ 700
+ 300
+ 600
+ 0
+ 100
+ 400
+ 1000
+ 200

4

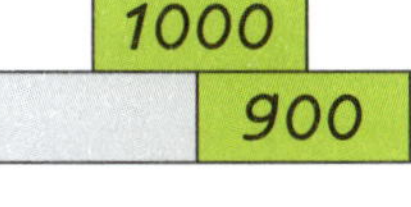

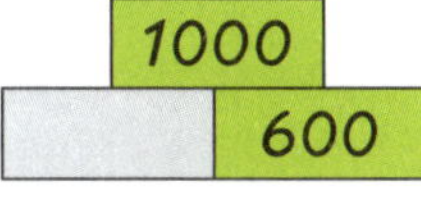

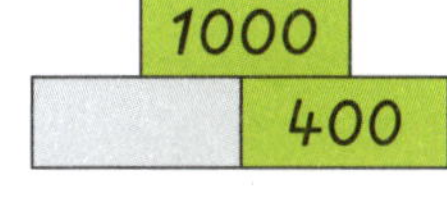

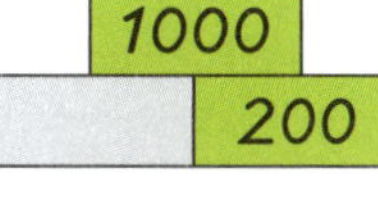

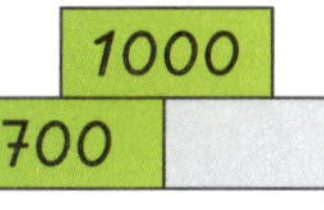

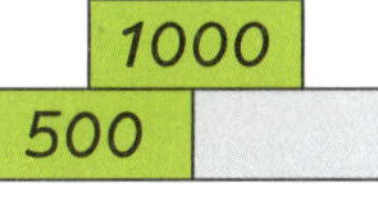

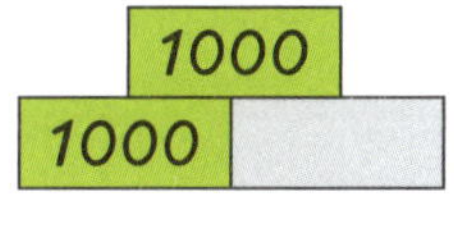

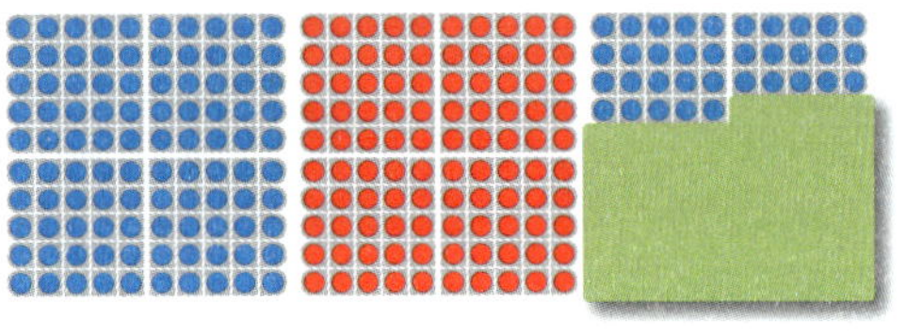

H	Z	E		Zahl
2	3	5		235

235 = 200 + 30 + 5

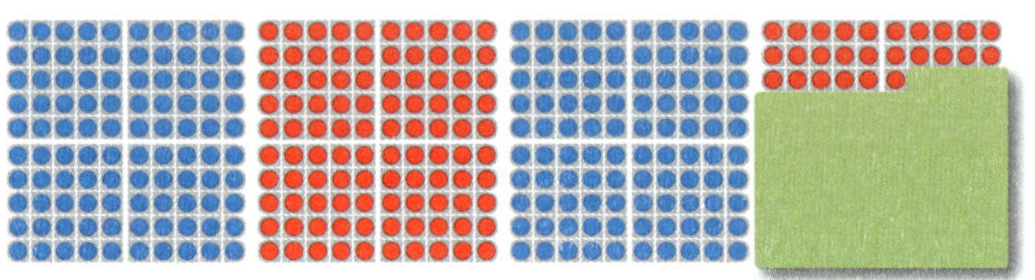

H	Z	E		Zahl

326 = 300 + ___ + ___

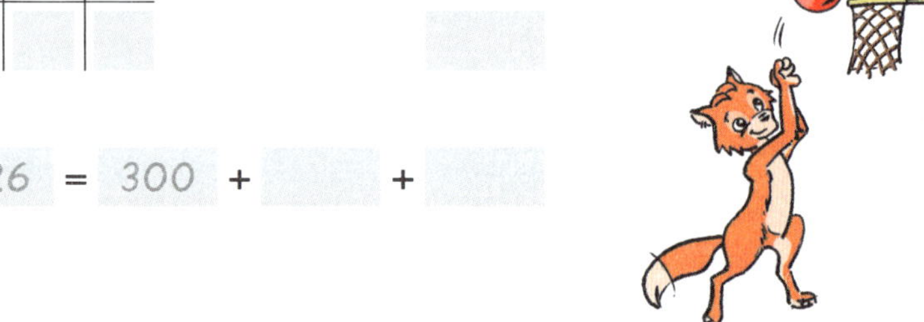

H	Z	E		Zahl

142 = 100 + ___ + ___

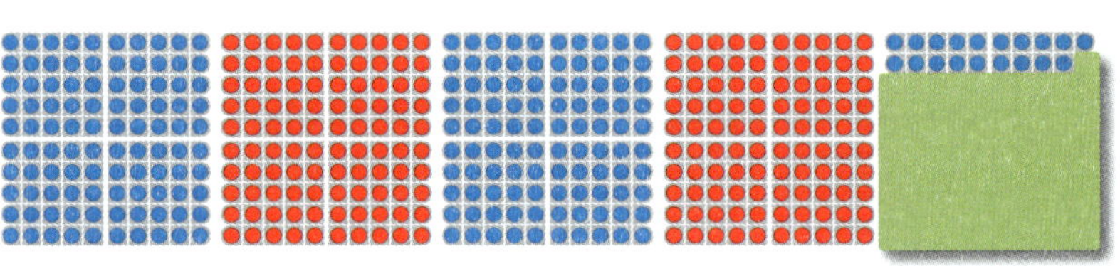

H	Z	E		Zahl

___ = ___ + ___ + ___

H	Z	E		Zahl

☐ = ☐ + ☐ + ☐

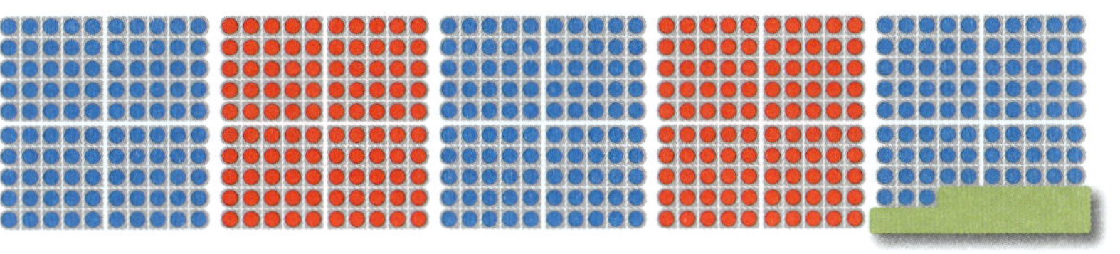

H	Z	E		Zahl

☐ = ☐ + ☐ + ☐

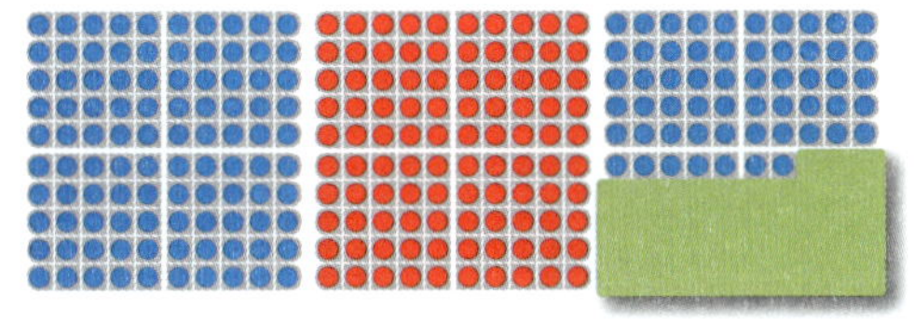

H	Z	E		Zahl

☐ = ☐ + ☐ + ☐

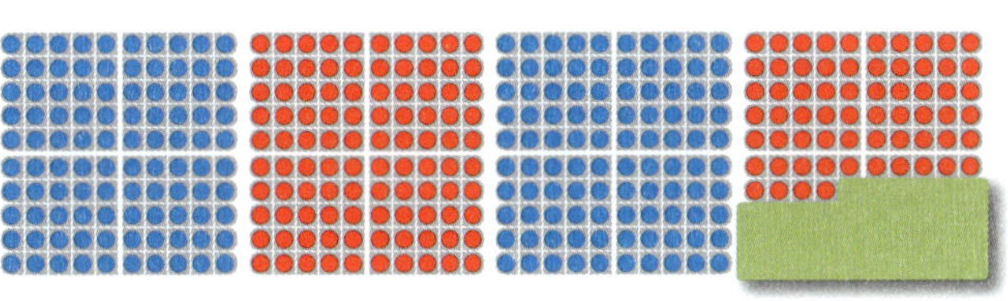

H	Z	E		Zahl

☐ = ☐ + ☐ + ☐

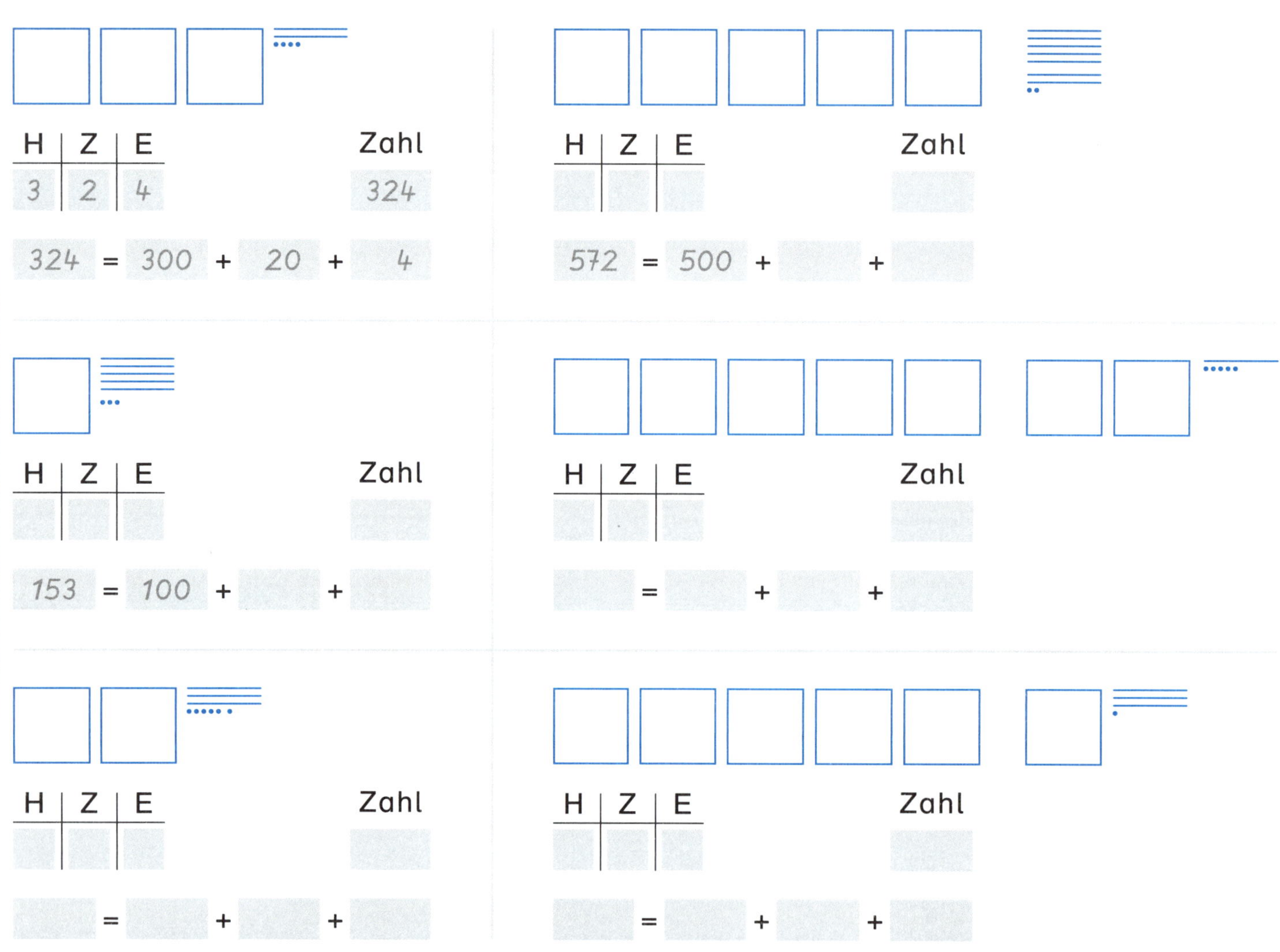

H	Z	E		Zahl
3	2	4		324

324 = 300 + 20 + 4

H	Z	E		Zahl

572 = 500 + +

H	Z	E		Zahl

153 = 100 + +

H	Z	E		Zahl

= + +

H	Z	E		Zahl

= + +

H	Z	E		Zahl

= + +

14

H | Z | E   Zahl

___ = ___ + ___ + ___

H | Z | E   Zahl

___ = ___ + ___ + ___

H | Z | E   Zahl

___ = ___ + ___ + ___

H | Z | E   Zahl

___ = ___ + ___ + ___

H | Z | E   Zahl

___ = ___ + ___ + ___

H | Z | E   Zahl

___ = ___ + ___ + ___

1

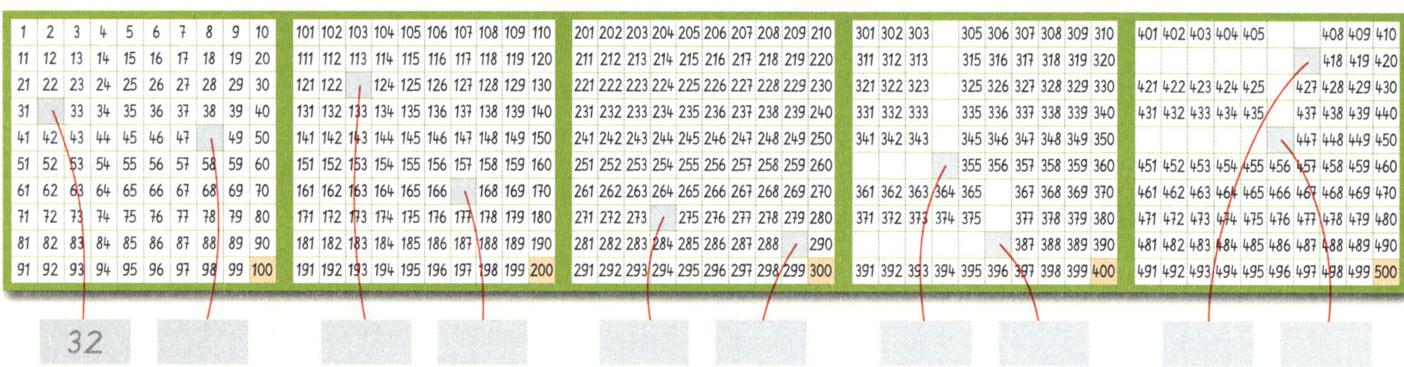

Ausschnitte aus dem Tausenderbuch. Trage die fehlenden Zahlen ein.

2

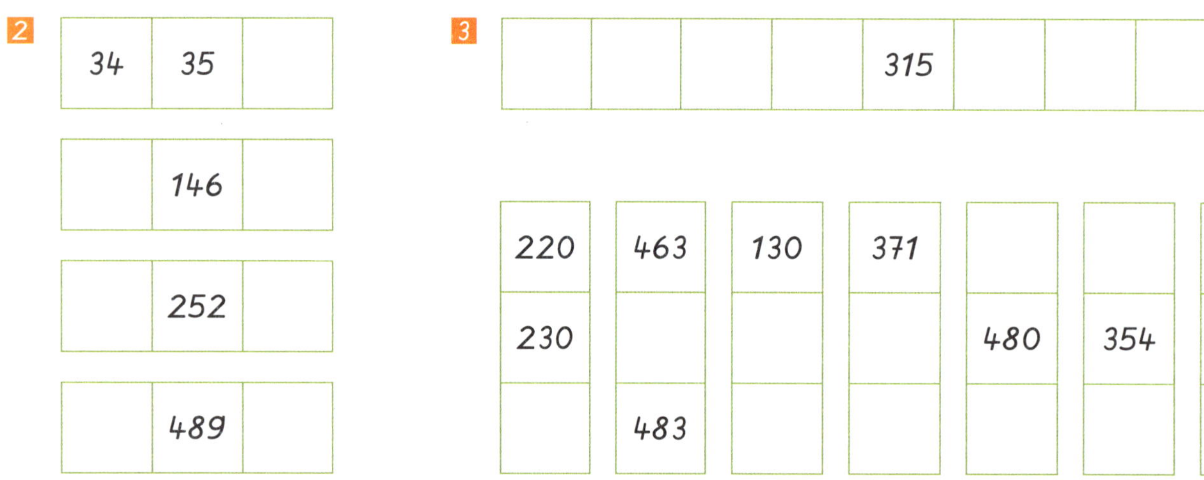

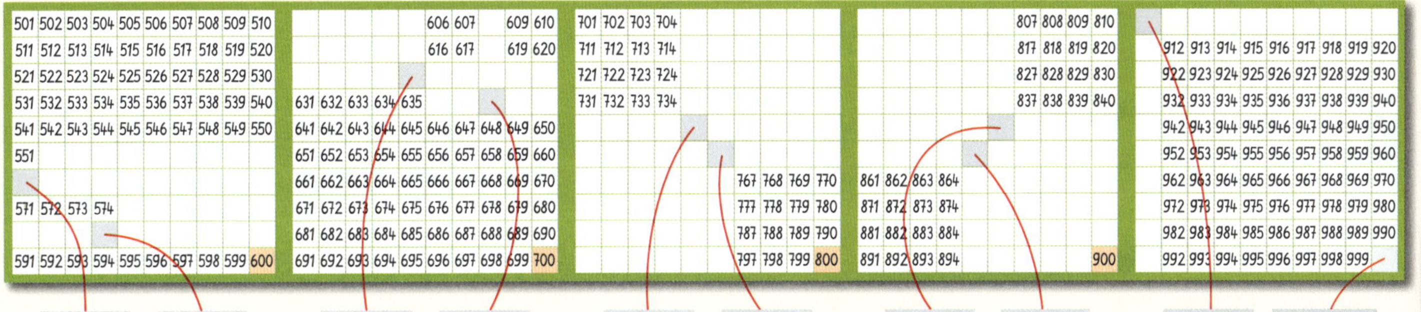

Ausschnitte aus dem Tausenderbuch. Trage die fehlenden Zahlen ein.

4

		600

								1000

724		
744	746	

	672	
		683

518	
	865

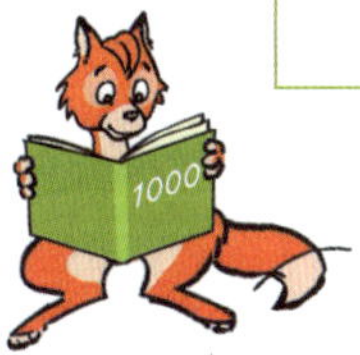

1

300	>	200	710		730	399		411	123		122	822		282
340	<	350	990		980	601		589	123		123	282		228
352	>	351	980		990	498		510	122		123	228		822
351	=	351	770		770	302		288	122		132	822		822

2

200 + 100		500	400 − 200		100	400		100 + 200	100		600 − 400
300 + 200		300	900 − 300		400	600		200 + 400	200		900 − 500
400 + 300		700	700 − 400		500	800		500 + 500	500		1000 − 600
500 + 200		800	800 − 100		700	900		600 + 200	0		400 − 400

3

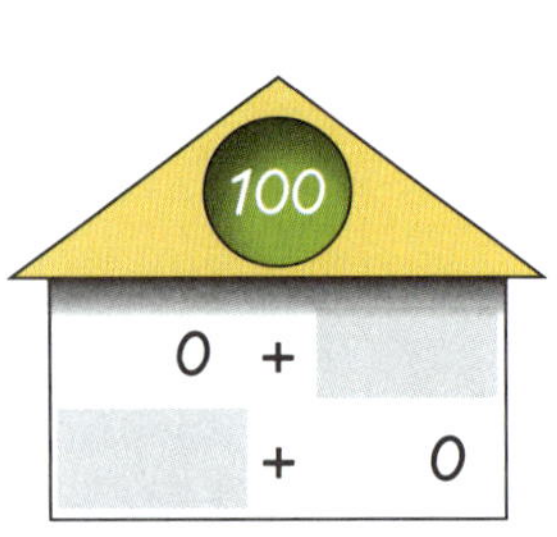

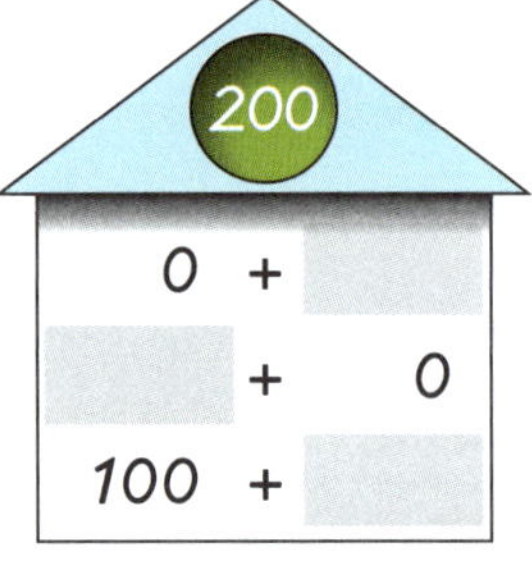

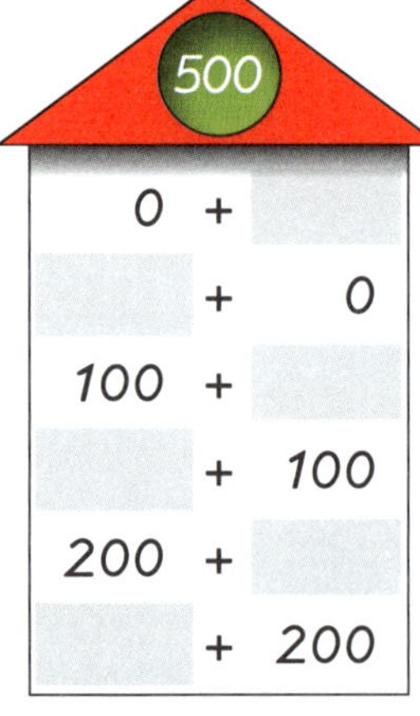

1

200 + 100	<	500 + 500	500 − 300		500 − 200	200 + 200		500 − 200
300 + 400		300 + 200	700 − 400		600 − 400	400 + 200		700 − 100
400 + 500		200 + 500	400 − 100		500 − 200	300 + 400		900 − 100
100 + 700		700 + 100	900 − 900		900 − 800	900 + 100		1000 − 600

2

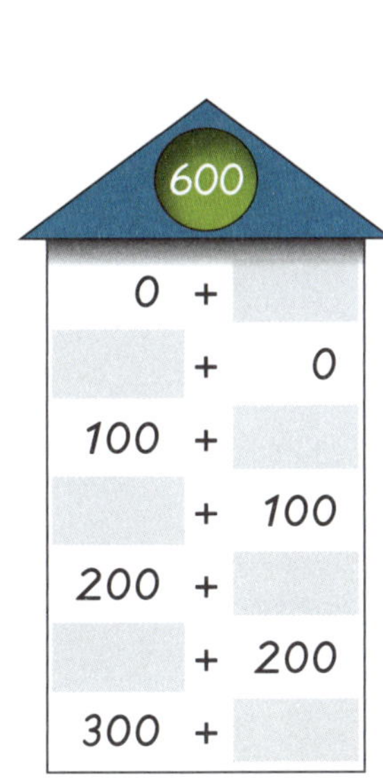

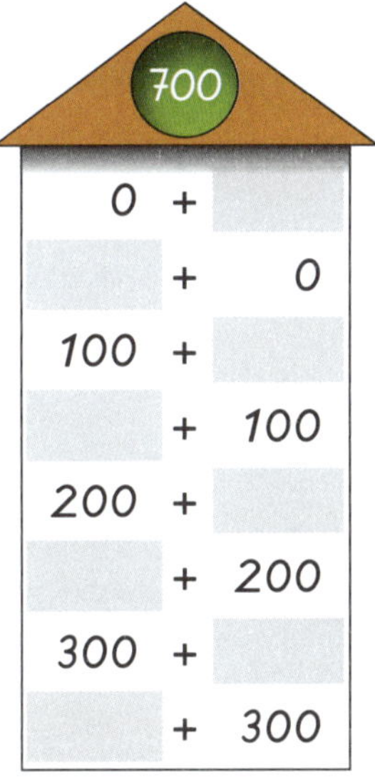

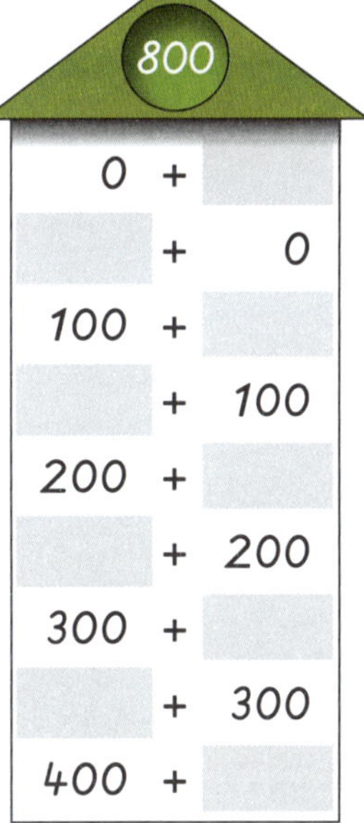

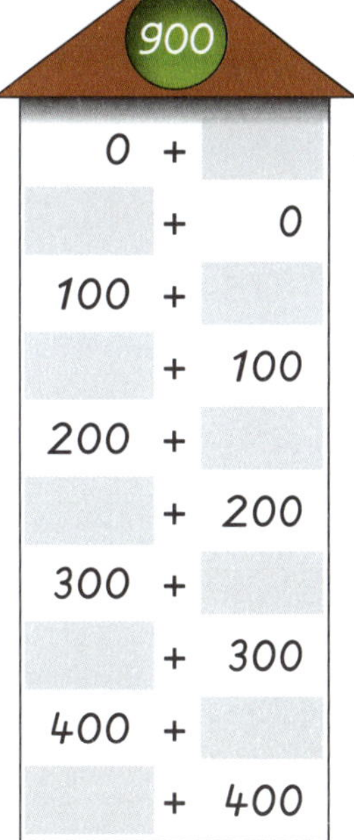

1 Trage die Zahlen ein.

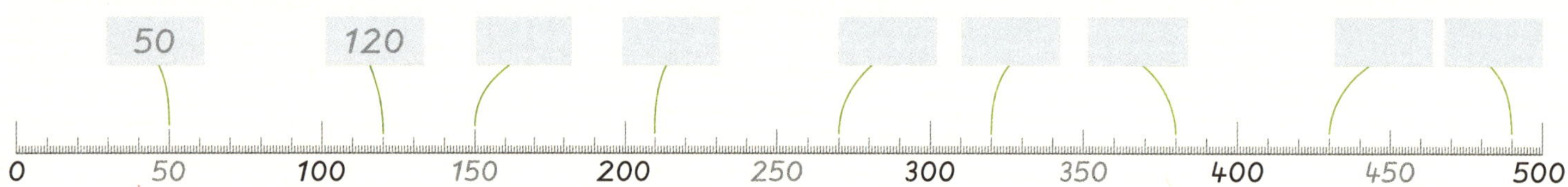

2 Verbinde.

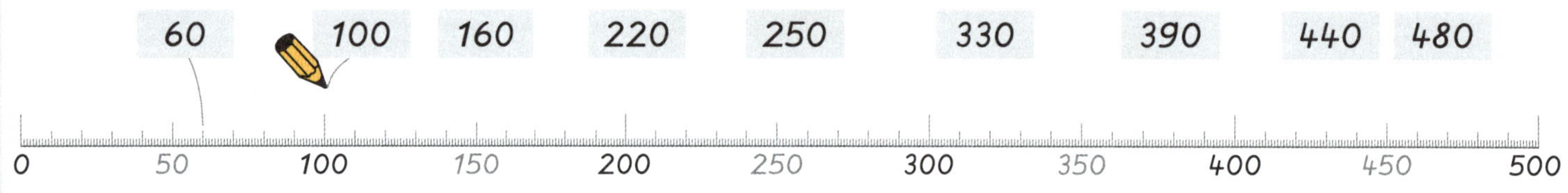

3 Trage Nachbarzehner und Nachbarhunderter ein.

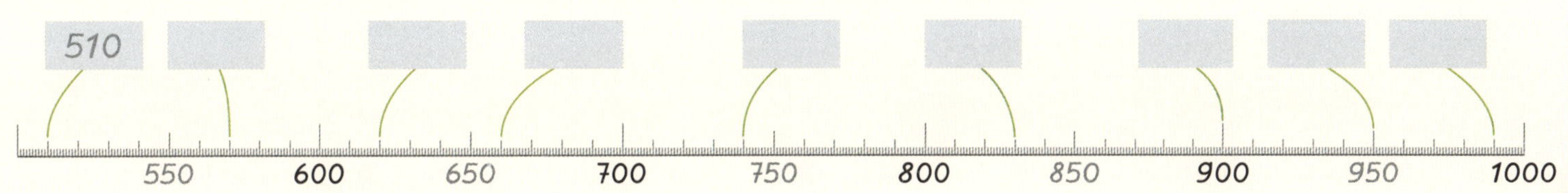

510

520 550 600 640 710 790 860 880 970

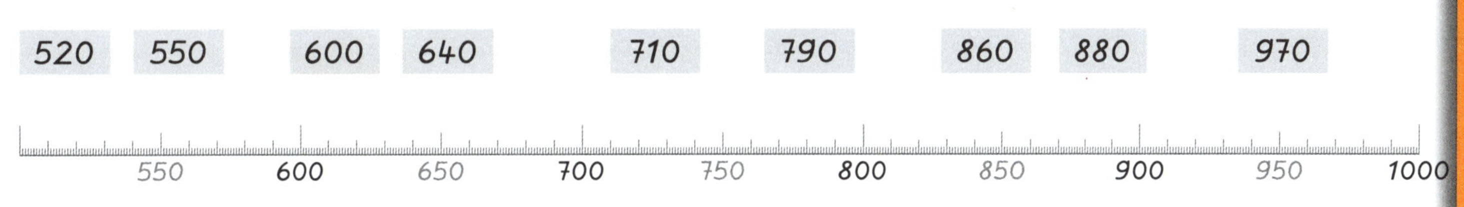

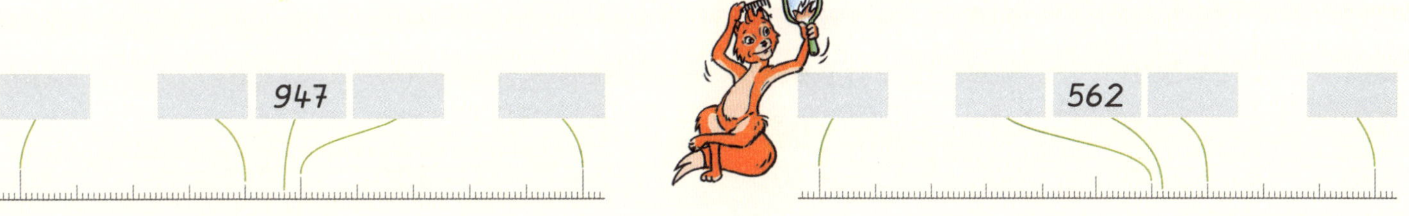

947   562

1 Trage Nachbarzehner und Nachbarhunderter ein.

300	320	**328**	330	400			645	
		214					319	
		587					822	
		436					456	
		853					731	
		171					568	

2

$334 - = 330$	$856 - = 850$	$161 - = 160$	$414 - = 410$
$330 - = 300$	$850 - = 800$	$160 - = 100$	$410 - = 400$
$334 + = 340$	$856 + = 860$	$161 + = 170$	$414 + = 420$
$340 + = 400$	$860 + = 900$	$170 + = 200$	$420 + = 500$
$582 - = 580$	$679 - = 670$	$728 - = 720$	$233 - = 230$
$580 - = 500$	$670 - = 600$	$720 - = 700$	$230 - = 200$
$582 + = 590$	$679 + = 680$	$728 + = 730$	$233 + = 240$
$590 + = 600$	$680 + = 700$	$730 + = 800$	$240 + = 300$

1 Trage Nachbarzehner und Nachbarhunderter ein.

200		280	**283**	290		300					527		
			625								142		
			373								861		
			417								758		
			851								934		
			762								966		

2

836 − ___ = 830	757 − ___ = 750	943 − ___ = 940	928 − ___ = 920
830 − ___ = 800	750 − ___ = 700	940 − ___ = 900	920 − ___ = 900
836 + ___ = 840	757 + ___ = 760	943 + ___ = 950	928 + ___ = 930
840 + ___ = 900	760 + ___ = 800	950 + ___ = 1000	930 + ___ = 1000
572 − ___ = 570	689 − ___ = 680	915 − ___ = 910	961 − ___ = 960
570 − ___ = 500	680 − ___ = 600	910 − ___ = 900	960 − ___ = 900
572 + ___ = 580	689 + ___ = 690	915 + ___ = 920	961 + ___ = 970
580 + ___ = 600	690 + ___ = 700	920 + ___ = 1000	970 + ___ = 1000

Welche Zahlen könnten es sein? Trage ein.

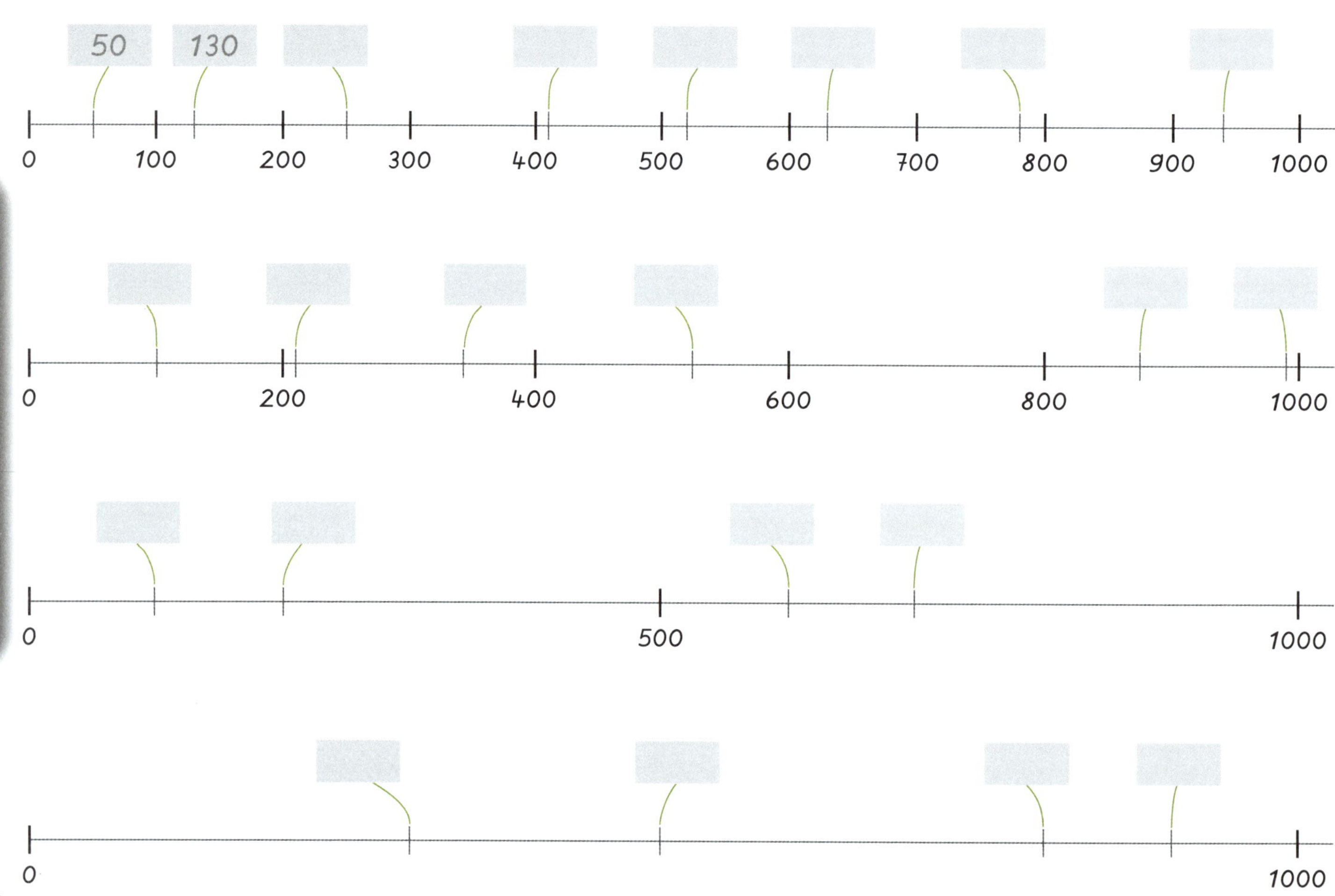

Kreuze an.

579 hat *5* Hunderter, *7* Zehner und *9* Einer.	◯ ja	◯ nein
802 hat *8* Hunderter, *0* Zehner und *2* Einer.	◯ ja	◯ nein
264 hat mehr Hunderter als *263*.	◯ ja	◯ nein
400 kommt nach *399*.	◯ ja	◯ nein
330 liegt zwischen *320* und *340*.	◯ ja	◯ nein
Die Nachbarzehner von *333* sind *330* und *340*.	◯ ja	◯ nein
Die Nachbarhunderter von *333* sind *100* und *500*.	◯ ja	◯ nein
433 ist größer als *343*.	◯ ja	◯ nein
443 ist kleiner als *434*.	◯ ja	◯ nein
343 ist gleich *334*.	◯ ja	◯ nein

1

100 + 100 =	200 + 200 =
120 + 100 =	210 + 200 =
124 + 100 =	212 + 200 =
200 + 100 =	200 + 300 =
250 + 100 =	240 + 300 =
253 + 100 =	241 + 300 =
100 + 400 =	200 + 400 =
130 + 400 =	270 + 400 =
137 + 400 =	275 + 400 =
500 + 200 =	400 + 500 =
590 + 200 =	430 + 500 =
598 + 200 =	436 + 500 =
300 + 300 =	500 + 300 =
360 + 300 =	580 + 300 =
365 + 300 =	589 + 300 =

2

15 + 10 =	24 + 10 =
115 + 10 =	124 + 10 =
215 + 10 =	524 + 10 =
32 + 20 =	23 + 50 =
132 + 20 =	123 + 50 =
332 + 20 =	423 + 50 =
35 + 10 =	47 + 20 =
135 + 10 =	147 + 20 =
435 + 10 =	647 + 20 =
61 + 30 =	29 + 50 =
161 + 30 =	129 + 50 =
961 + 30 =	829 + 50 =
46 + 40 =	28 + 60 =
146 + 40 =	128 + 60 =
746 + 40 =	928 + 60 =

3

1

14 + 3 =	21 + 1 =
114 + 3 =	121 + 1 =
214 + 3 =	221 + 1 =
32 + 2 =	45 + 2 =
132 + 2 =	145 + 2 =
332 + 2 =	645 + 2 =
54 + 1 =	91 + 5 =
154 + 1 =	191 + 5 =
454 + 1 =	591 + 5 =
63 + 5 =	72 + 6 =
163 + 5 =	172 + 6 =
863 + 5 =	972 + 6 =
81 + 4 =	62 + 7 =
181 + 4 =	162 + 7 =
681 + 4 =	762 + 7 =

2

+	300
200	
270	
275	
375	

+	400
300	
320	
328	
428	

+	700
100	
150	
152	
252	

3

+	20
23	
123	
223	
323	

+	50
37	
137	
337	
537	

+	80
16	
116	
416	
716	

4

+	3
14	
114	
214	
414	

+	6
32	
132	
332	
632	

+	8
61	
161	
461	
861	

5

934 834 734 ... 334 ...

1

300 – 200 =	400 – 200 =
350 – 200 =	410 – 200 =
354 – 200 =	415 – 200 =
600 – 300 =	500 – 100 =
640 – 300 =	570 – 100 =
642 – 300 =	573 – 100 =
700 – 500 =	800 – 300 =
760 – 500 =	820 – 300 =
768 – 500 =	826 – 300 =
800 – 100 =	700 – 400 =
890 – 100 =	750 – 400 =
893 – 100 =	751 – 400 =
900 – 800 =	900 – 300 =
930 – 800 =	980 – 300 =
937 – 800 =	989 – 300 =

2

25 – 10 =	41 – 20 =
125 – 10 =	141 – 20 =
225 – 10 =	341 – 20 =
53 – 30 =	78 – 30 =
153 – 30 =	178 – 30 =
453 – 30 =	578 – 30 =
86 – 50 =	92 – 20 =
186 – 50 =	192 – 20 =
686 – 50 =	792 – 20 =
94 – 90 =	73 – 10 =
194 – 90 =	173 – 10 =
894 – 90 =	673 – 10 =
87 – 40 =	99 – 60 =
187 – 40 =	199 – 60 =
587 – 40 =	999 – 60 =

3

1

14 – 1 =	37 – 3 =
114 – 1 =	137 – 3 =
314 – 1 =	237 – 3 =
56 – 4 =	76 – 1 =
156 – 4 =	176 – 1 =
456 – 4 =	576 – 1 =
29 – 3 =	48 – 7 =
129 – 3 =	148 – 7 =
729 – 3 =	448 – 7 =
87 – 2 =	89 – 6 =
187 – 2 =	189 – 6 =
687 – 2 =	389 – 6 =
79 – 8 =	58 – 5 =
179 – 8 =	158 – 5 =
979 – 8 =	858 – 5 =

2

–	100
300	
310	
314	
414	

–	200
800	
840	
849	
949	

–	300
700	
730	
735	
835	

3

–	10
28	
128	
228	
328	

–	30
67	
167	
367	
567	

–	70
96	
196	
496	
796	

4

–	4
75	
175	
275	
475	

–	6
89	
189	
389	
689	

–	5
57	
157	
457	
857	

5

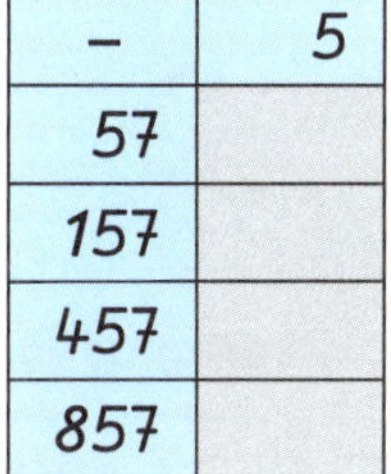

Rechne in Schritten.

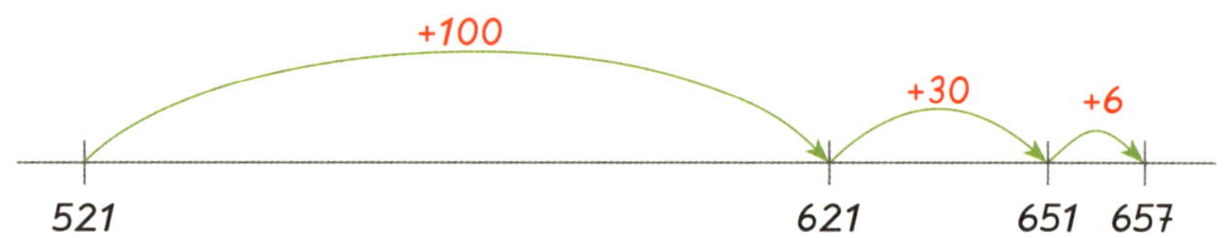

$$521 + 136 = 657$$

erst $521 + 100 = 621$
dann $621 + 30 = 651$
danach $651 + 6 = 657$

1

$253 + 114 =$	
$253 + 100 =$	353
$353 + 10 =$	363
$363 + 4 =$	367

$122 + 121 =$	
$122 + 100 =$	222
$222 + 20 =$	242
$242 + 1 =$	

$347 + 131 =$	
$347 + 100 =$	447
$447 + 30 =$	
$477 + 1 =$	

2

$342 + 243 =$	
$342 + 200 =$	
$+ 40 =$	
$+ 3 =$	

$216 + 212 =$	
$216 + 200 =$	
$+ 10 =$	
$+ =$	

$412 + 342 =$	
$412 + 300 =$	
$+ =$	
$+ =$	

$354 + 325 =$	
$354 + =$	
$+ =$	
$+ =$	

$765 + 231 =$	
$+ =$	
$+ =$	
$+ =$	

$621 + 236 =$	
$+ =$	
$+ =$	
$+ =$	

1

265 + 221 =

___ + ___ =

___ + ___ =

___ + ___ =

431 + 214 =

___ + ___ =

___ + ___ =

___ + ___ =

423 + 411 =

___ + ___ =

___ + ___ =

___ + ___ =

524 + 374 =

___ + ___ =

___ + ___ =

___ + ___ =

2

246 + 133 =

___ + ___ =

___ + ___ =

___ + ___ =

822 + 154 =

___ + ___ =

___ + ___ =

___ + ___ =

353 + 211 =

___ + ___ =

___ + ___ =

___ + ___ =

632 + 353 =

___ + ___ =

___ + ___ =

___ + ___ =

3

126 + 72 =

___ + ___ =

___ + ___ =

711 + 150 =

___ + ___ =

___ + ___ =

349 + 210 =

___ + ___ =

___ + ___ =

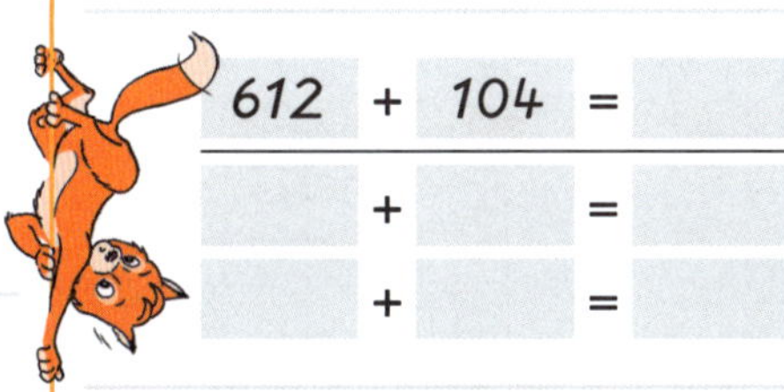

612 + 104 =

___ + ___ =

___ + ___ =

483 + 304 =

___ + ___ =

___ + ___ =

Rechne in Schritten.

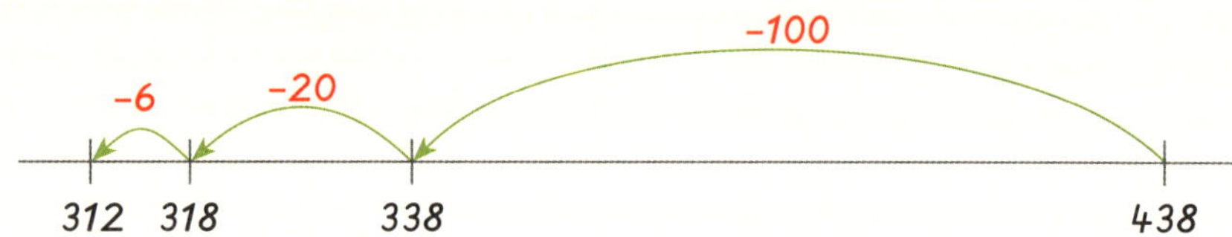

erst $438 - 100 = 338$

dann $338 - 20 = 318$

danach $318 - 6 = 312$

$438 - 126 = 312$

1

$465 - 312 =$

$465 - 300 = 165$

$165 - 10 = 155$

$155 - 2 = 153$

$683 - 212 =$

$683 - 200 = 483$

$483 - 10 = 473$

$473 - 2 =$

$849 - 624 =$

$849 - 600 = 249$

$249 - 20 =$

$229 - 4 =$

2

$726 - 413 =$

$726 - 400 =$

$- 10 =$

$- 3 =$

$873 - 252 =$

$873 - 200 =$

$- 50 =$

$- =$

$989 - 463 =$

$989 - 400 =$

$- =$

$- =$

$876 - 142 =$

$876 - =$

$- =$

$- =$

$564 - 212 =$

$- =$

$- =$

$- =$

$958 - 141 =$

$- =$

$- =$

$- =$

1

343 − 212 =
___ − ___ =
___ − ___ =
___ − ___ =

758 − 324 =
___ − ___ =
___ − ___ =
___ − ___ =

485 − 123 =
___ − ___ =
___ − ___ =
___ − ___ =

876 − 436 =
___ − ___ =
___ − ___ =
___ − ___ =

2

476 − 251 =
___ − ___ =
___ − ___ =
___ − ___ =

867 − 245 =
___ − ___ =
___ − ___ =
___ − ___ =

987 − 531 =
___ − ___ =
___ − ___ =
___ − ___ =

589 − 276 =
___ − ___ =
___ − ___ =
___ − ___ =

3

934 − 23 =
___ − ___ =
___ − ___ =

847 − 120 =
___ − ___ =
___ − ___ =

679 − 460 =
___ − ___ =
___ − ___ =

785 − 202 =
___ − ___ =
___ − ___ =

968 − 107 =
___ − ___ =
___ − ___ =

1

118 + 1 =
118 + 2 =
118 + 3 =

436 + 3 =
436 + 4 =
436 + 5 =

224 + 5 =
224 + 6 =
224 + 7 =

765 + 4 =
765 + 5 =
765 + 6 =

592 + 7 =
592 + 8 =
592 + 9 =

347 + 2 =
347 + 3 =
347 + 4 =

2

+	3	4	5
676			

+	6	7	8
853			

+	4	5	6
535			

3

80 + 10 =
80 + 20 =
80 + 30 =

370 + 20 =
370 + 30 =
370 + 40 =

440 + 50 =
440 + 60 =
440 + 70 =

250 + 40 =
250 + 50 =
250 + 60 =

630 + 60 =
630 + 70 =
630 + 80 =

560 + 30 =
560 + 40 =
560 + 50 =

4

+	30	40	50
160			

+	70	80	90
720			

+	50	60	70
840			

5

1

27 + 5 =	38 + 3 =	65 + 8 =	19 + 2 =	46 + 6 =
127 + 5 =	138 + 3 =	165 + 8 =	119 + 2 =	146 + 6 =
227 + 5 =	438 + 3 =	865 + 8 =	319 + 2 =	746 + 6 =

58 + 4 =	78 + 6 =	89 + 6 =	95 + 7 =	99 + 9 =
158 + 4 =	178 + 6 =	189 + 6 =	195 + 7 =	199 + 9 =
358 + 4 =	578 + 6 =	989 + 6 =	795 + 7 =	599 + 9 =

2

90 + 20 =	80 + 40 =	50 + 60 =	90 + 50 =
94 + 20 =	83 + 40 =	56 + 60 =	92 + 50 =
194 + 20 =	383 + 40 =	256 + 60 =	592 + 50 =

70 + 80 =	60 + 70 =	90 + 30 =	80 + 80 =
79 + 80 =	61 + 70 =	95 + 30 =	87 + 80 =
679 + 80 =	461 + 70 =	795 + 30 =	887 + 80 =

3

421 431 441 [ ] [ ] 481 [ ] [ ] [ ]

1

212 − 1 =	645 − 4 =	173 − 2 =
212 − 2 =	645 − 5 =	173 − 3 =
212 − 3 =	645 − 6 =	173 − 4 =

597 − 6 =	908 − 7 =	764 − 3 =
597 − 7 =	908 − 8 =	764 − 4 =
597 − 8 =	908 − 9 =	764 − 5 =

2

−	1	2	3
322			

−	5	6	7
956			

−	7	8	9
438			

3

120 − 10 =	740 − 30 =	330 − 20 =
120 − 20 =	740 − 40 =	330 − 30 =
120 − 30 =	740 − 50 =	330 − 40 =

850 − 40 =	260 − 50 =	470 − 60 =
850 − 50 =	260 − 60 =	470 − 70 =
850 − 60 =	260 − 70 =	470 − 80 =

4

−	20	30	40
630			

−	70	80	90
580			

−	40	50	60
950			

5

354 344 334 — — — — 284 — —

1

$12 - 3 =$	$23 - 6 =$	$51 - 5 =$	$95 - 7 =$	$34 - 8 =$
$112 - 3 =$	$123 - 6 =$	$151 - 5 =$	$195 - 7 =$	$134 - 8 =$
$212 - 3 =$	$323 - 6 =$	$951 - 5 =$	$695 - 7 =$	$734 - 8 =$

$41 - 2 =$	$61 - 7 =$	$72 - 4 =$	$23 - 8 =$	$82 - 9 =$
$141 - 2 =$	$161 - 7 =$	$172 - 4 =$	$123 - 8 =$	$182 - 9 =$
$541 - 2 =$	$461 - 7 =$	$672 - 4 =$	$823 - 8 =$	$382 - 9 =$

2

$120 - 30 =$	$110 - 20 =$	$140 - 80 =$	$120 - 50 =$
$125 - 30 =$	$114 - 20 =$	$146 - 80 =$	$128 - 50 =$
$225 - 30 =$	$414 - 20 =$	$846 - 80 =$	$528 - 50 =$

$140 - 60 =$	$140 - 90 =$	$120 - 40 =$	$110 - 70 =$
$143 - 60 =$	$141 - 90 =$	$127 - 40 =$	$112 - 70 =$
$343 - 60 =$	$741 - 90 =$	$927 - 40 =$	$612 - 70 =$

3

765   755   745   _   _   _   _   _   675

1

346 + 243	=	
346 + 200	=	546
546 + 40	=	
+ 3	=	

151 + 123	=	
+ 100	=	
+ 20	=	
+	=	

263 + 221	=	
+ 200	=	
+	=	
+	=	

383 + 312	=	
+	=	
+	=	
+	=	

2

215 + 138	=	
+	=	
+	=	
+	=	

487 + 451	=	
+	=	
+	=	
+	=	

538 + 344	=	
+	=	
+	=	
+	=	

761 + 166	=	
+	=	
+	=	
+	=	

3

416 + 125	=	
+	=	
+	=	
+	=	

642 + 274	=	
+	=	
+	=	
+	=	

489 + 286	=	
+	=	
+	=	
+	=	

589 + 379	=	
+	=	
+	=	
+	=	

1

679	– 521	=
679	– 500	= 179
179	– 20	=
	– 1	=

545	– 224	=
	– 200	=
	– 20	=
	–	=

948	– 132	=
	– 100	=
	–	=
	–	=

985	– 342	=
	–	=
	–	=
	–	=

2

594	– 218	=
	–	=
	–	=
	–	=

238	– 166	=
	–	=
	–	=
	–	=

365	– 138	=
	–	=
	–	=
	–	=

847	– 253	=
	–	=
	–	=
	–	=

3

982	– 549	=
	–	=
	–	=
	–	=

738	– 145	=
	–	=
	–	=
	–	=

943	– 584	=
	–	=
	–	=
	–	=

612	– 387	=
	–	=
	–	=
	–	=

Rechnung	Verkürzte Schreibweise

$312 + 147 = 459$

$312 + 100 = 412$

$412 + 40 = 452$

$452 + 7 = 459$

$312 + 147 = 459$

$412 \quad 452$

1

$142 + 121 =$
242 262

$325 + 232 =$
525

$243 + 131 =$
343

$412 + 227 =$

$271 + 223 =$

$261 + 123 =$

$322 + 313 =$

$513 + 113 =$

$612 + 126 =$

$423 + 325 =$

2

$725 + 142 =$

$345 + 236 =$

$468 + 214 =$

$574 + 312 =$

$354 + 131 =$

$261 + 256 =$

$573 + 373 =$

$512 + 137 =$

$432 + 365 =$

$558 + 429 =$

Rechnung	Verkürzte Schreibweise

$$658 - 137 = 521$$
$$658 - 100 = \mathbf{558}$$
$$558 - 30 = \mathbf{528}$$
$$528 - 7 = 521$$

$$658 - 137 = 521$$
$$\mathbf{558} \quad \mathbf{528}$$

1

$427 - 315 =$ [ ]
127 117

$686 - 365 =$ [ ]
386 [ ]

$387 - 123 =$ [ ]

$876 - 463 =$ [ ]

$987 - 361 =$ [ ]

$479 - 132 =$ [ ]
379 [ ]

$789 - 254 =$ [ ]

$487 - 136 =$ [ ]

$596 - 124 =$ [ ]

$898 - 331 =$ [ ]

2

$669 - 245 =$ [ ]

$873 - 128 =$ [ ]

$752 - 521 =$ [ ]

$945 - 862 =$ [ ]

$889 - 313 =$ [ ]

$954 - 128 =$ [ ]

$856 - 743 =$ [ ]

$438 - 176 =$ [ ]

$786 - 432 =$ [ ]

$984 - 649 =$ [ ]

1

·	5	50
0		
1		
2		
3		
4		
5		
6		
7		
8		
9		
10		

·	2	20
0		
1		
2		
3		
4		
5		
6		
7		
8		
9		
10		

·	4	40
0		
1		
2		
3		
4		
5		
6		
7		
8		
9		
10		

·	8	80
0		
1		
2		
3		
4		
5		
6		
7		
8		
9		
10		

2   Kreuze an.

○   3·4 und 3·40   sind ähnliche Aufgaben.

○   3·4 und 7·50   sind ähnliche Aufgaben.

○   3·4 kann mir bei der Aufgabe 3·40 helfen.

3

5 · 1 =	3 · 1 =	8 · 1 =	10 · 1 =
5 · 10 =	3 · 10 =	8 · 10 =	10 · 10 =
5 · 100 =	3 · 100 =	8 · 100 =	10 · 100 =

1

·	3	30
0		
1		
2		
3		
4		
5		
6		
7		
8		
9		
10		

·	6	60
0		
1		
2		
3		
4		
5		
6		
7		
8		
9		
10		

·	9	90
0		
1		
2		
3		
4		
5		
6		
7		
8		
9		
10		

·	7	70
0		
1		
2		
3		
4		
5		
6		
7		
8		
9		
10		

2

$2 \cdot 2 =$
$2 \cdot 20 =$
$2 \cdot 200 =$

$3 \cdot 3 =$
$3 \cdot 30 =$
$3 \cdot 300 =$

$4 \cdot 2 =$
$4 \cdot 20 =$
$4 \cdot 200 =$

$2 \cdot 5 =$
$2 \cdot 50 =$
$2 \cdot 500 =$

$3 \cdot 2 =$
$3 \cdot 20 =$
$3 \cdot 200 =$

$2 \cdot 4 =$
$2 \cdot 40 =$
$2 \cdot 400 =$

$2 \cdot 3 =$
$2 \cdot 30 =$
$2 \cdot 300 =$

$5 \cdot 2 =$
$5 \cdot 20 =$
$5 \cdot 200 =$

1

$2 \cdot 3 =$	$3 \cdot 6 =$	$5 \cdot 7 =$	$10 \cdot 2 =$	$3 \cdot 10 =$
$2 \cdot 30 =$	$3 \cdot 60 =$	$5 \cdot 70 =$	$10 \cdot 20 =$	$3 \cdot 100 =$
$4 \cdot 4 =$	$6 \cdot 8 =$	$7 \cdot 9 =$	$10 \cdot 7 =$	$9 \cdot 10 =$
$4 \cdot 40 =$	$6 \cdot 80 =$	$7 \cdot 90 =$	$10 \cdot 70 =$	$9 \cdot 100 =$
$3 \cdot 2 =$	$9 \cdot 5 =$	$0 \cdot 8 =$	$10 \cdot 6 =$	$10 \cdot 10 =$
$3 \cdot 20 =$	$9 \cdot 50 =$	$0 \cdot 80 =$	$10 \cdot 60 =$	$10 \cdot 100 =$

2

$2 \cdot 2 =$	$3 \cdot 4 =$	$5 \cdot 9 =$	$3 \cdot 10 =$	$10 \cdot 8 =$
$20 \cdot 2 =$	$30 \cdot 4 =$	$50 \cdot 9 =$	$30 \cdot 10 =$	$100 \cdot 8 =$
$4 \cdot 5 =$	$7 \cdot 6 =$	$4 \cdot 8 =$	$8 \cdot 10 =$	$10 \cdot 5 =$
$40 \cdot 5 =$	$70 \cdot 6 =$	$40 \cdot 8 =$	$80 \cdot 10 =$	$100 \cdot 5 =$
$6 \cdot 3 =$	$8 \cdot 8 =$	$6 \cdot 0 =$	$9 \cdot 10 =$	$10 \cdot 10 =$
$60 \cdot 3 =$	$80 \cdot 8 =$	$60 \cdot 0 =$	$90 \cdot 10 =$	$100 \cdot 10 =$

3

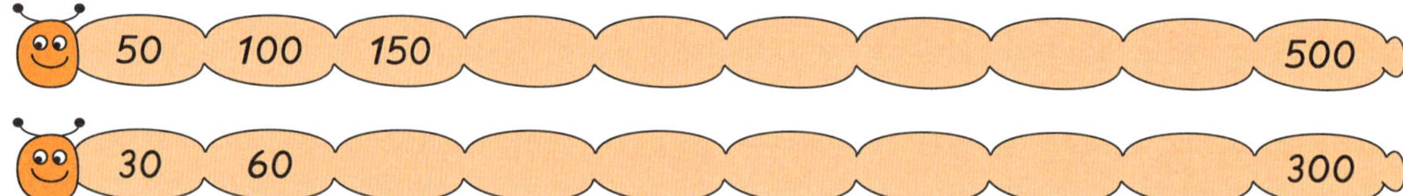

1

$2 \cdot 50 =$
$3 \cdot 50 =$
$4 \cdot 50 =$

$8 \cdot 30 =$
$9 \cdot 30 =$
$10 \cdot 30 =$

$4 \cdot 100 =$
$5 \cdot 100 =$
$6 \cdot 100 =$

$2 \cdot 60 =$
$3 \cdot 60 =$
$4 \cdot 60 =$

$4 \cdot 40 =$
$5 \cdot 40 =$
$6 \cdot 40 =$

$5 \cdot 70 =$
$6 \cdot 70 =$
$7 \cdot 70 =$

$4 \cdot 80 =$
$5 \cdot 80 =$
$6 \cdot 80 =$

$8 \cdot 100 =$
$9 \cdot 100 =$
$10 \cdot 100 =$

2

$2 \cdot 60 =$
$4 \cdot 60 =$

$4 \cdot 100 =$
$8 \cdot 100 =$

$3 \cdot 40 =$
$6 \cdot 40 =$

$5 \cdot 80 =$
$10 \cdot 80 =$

$3 \cdot 70 =$
$6 \cdot 70 =$

$4 \cdot 50 =$
$8 \cdot 50 =$

3

$6 \cdot 100 =$
$3 \cdot 100 =$

$8 \cdot 30 =$
$4 \cdot 30 =$

$6 \cdot 50 =$
$3 \cdot 50 =$

$8 \cdot 60 =$
$4 \cdot 60 =$

$4 \cdot 80 =$
$2 \cdot 80 =$

$10 \cdot 70 =$
$5 \cdot 70 =$

4

| 70 | 140 | | | | | | | 700 |

| 80 | 160 | | | | | | | 800 |

Halbschriftlich multiplizieren

$3 \cdot 12$

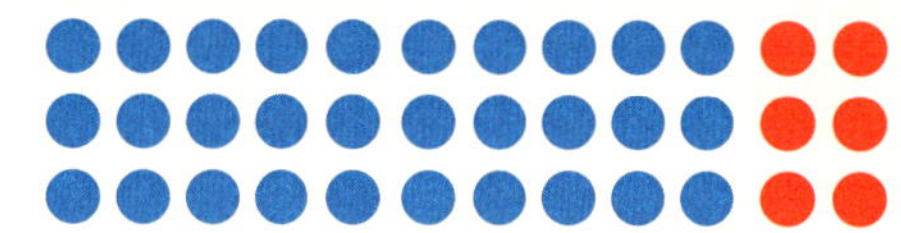

$3 \cdot 10$ $3 \cdot 2$

$3 \cdot 12 = 36$
$3 \cdot 10 = 30$
$3 \cdot 2 = 6$

1

$3 \cdot 13 =$
$3 \cdot 10 = 30$
$3 \cdot 3 = 9$

$4 \cdot 12 =$
$4 \cdot 10 = 40$
$4 \cdot 2 = 8$

$6 \cdot 13 =$
$6 \cdot 10 = 60$
$6 \cdot 3 =$

$2 \cdot 16 =$
$2 \cdot 10 =$
$2 \cdot 6 =$

$5 \cdot 14 =$
$5 \cdot 10 =$
$5 \cdot 4 =$

$4 \cdot 18 =$
$4 \cdot 10 =$
$4 \cdot 8 =$

2

$6 \cdot 16 =$
$6 \cdot 10 =$
$6 \cdot 6 =$

$4 \cdot 17 =$
$4 \cdot 10 =$
$4 \cdot 7 =$

$5 \cdot 18 =$
$5 \cdot 10 =$
$5 \cdot 8 =$

$6 \cdot 15 =$
$6 \cdot 10 =$
$6 \cdot 5 =$

$8 \cdot 12 =$
$8 \cdot 10 =$
$8 \cdot 2 =$

$7 \cdot 14 =$
$7 \cdot 10 =$
$7 \cdot 4 =$

1

| 2 · 26 = |
| 2 · 20 = |
| 2 · 6 = |

| 3 · 28 = |
| 3 · 20 = |
| 3 · ___ = |

| 2 · 34 = |
| 2 · 30 = |
| ___ · ___ = |

| 4 · 21 = |
| 4 · ___ = |
| ___ · ___ = |

| 3 · 32 = |
| ___ · ___ = |
| ___ · ___ = |

2

| 4 · 24 = |
| ___ · ___ = |
| ___ · ___ = |

| 5 · 35 = |
| ___ · ___ = |
| ___ · ___ = |

| 7 · 23 = |
| ___ · ___ = |
| ___ · ___ = |

| 6 · 43 = |
| ___ · ___ = |
| ___ · ___ = |

| 4 · 65 = |
| ___ · ___ = |
| ___ · ___ = |

3

| 5 · 82 = |
| ___ · ___ = |
| ___ · ___ = |

| 8 · 36 = |
| ___ · ___ = |
| ___ · ___ = |

| 7 · 64 = |
| ___ · ___ = |
| ___ · ___ = |

| 4 · 83 = |
| ___ · ___ = |
| ___ · ___ = |

| 6 · 72 = |
| ___ · ___ = |
| ___ · ___ = |

4

| 3 · 87 = |
| ___ · ___ = |
| ___ · ___ = |

| 5 · 68 = |
| ___ · ___ = |
| ___ · ___ = |

| 8 · 57 = |
| ___ · ___ = |
| ___ · ___ = |

| 7 · 82 = |
| ___ · ___ = |
| ___ · ___ = |

| 8 · 85 = |
| ___ · ___ = |
| ___ · ___ = |

1

$5 \cdot 15 =$
$5 \cdot 10 =$
$5 \cdot 5 =$

$8 \cdot 12 =$
$8 \cdot 10 =$
$\cdot =$

$7 \cdot 13 =$
$\cdot =$
$\cdot =$

$4 \cdot 28 =$
$\cdot =$
$\cdot =$

$3 \cdot 67 =$
$\cdot =$
$\cdot =$

2

$6 \cdot 35 =$
$\cdot =$
$\cdot =$

$7 \cdot 15 =$
$\cdot =$
$\cdot =$

$3 \cdot 37 =$
$\cdot =$
$\cdot =$

$6 \cdot 82 =$
$\cdot =$
$\cdot =$

$8 \cdot 78 =$
$\cdot =$
$\cdot =$

3

$7 \cdot 14 =$
$\cdot =$
$\cdot =$

$3 \cdot 38 =$
$\cdot =$
$\cdot =$

$8 \cdot 14 =$
$\cdot =$
$\cdot =$

$6 \cdot 85 =$
$\cdot =$
$\cdot =$

$7 \cdot 45 =$
$\cdot =$
$\cdot =$

4

$5 \cdot 52 =$
$\cdot =$
$\cdot =$

$4 \cdot 74 =$
$\cdot =$
$\cdot =$

$6 \cdot 37 =$
$\cdot =$
$\cdot =$

$8 \cdot 18 =$
$\cdot =$
$\cdot =$

$7 \cdot 71 =$
$\cdot =$
$\cdot =$

1

2	·	352	=
2	·	300	=
2	·	50	=
2	·	2	=

3	·	213	=
3	·	200	=
3	·	10	=
	·		=

6	·	156	=
6	·	100	=
	·		=
	·		=

7	·	112	=
	·		=
	·		=
	·		=

2

8	·	111	=
	·		=
	·		=
	·		=

2	·	234	=
	·		=
	·		=
	·		=

5	·	186	=
	·		=
	·		=
	·		=

4	·	132	=
	·		=
	·		=
	·		=

3

4	·	212	=
	·		=
	·		=
	·		=

2	·	423	=
	·		=
	·		=
	·		=

3	·	179	=
	·		=
	·		=
	·		=

3	·	312	=
	·		=
	·		=
	·		=

1

19 · 2 =	39 · 2 =	29 · 4 =	89 · 2 =	99 · 2 =
20 · 2 =	40 · 2 =	30 · 4 =	90 · 2 =	100 · 2 =
29 · 3 =	39 · 4 =	19 · 8 =	69 · 3 =	89 · 6 =
30 · 3 =	40 · 4 =	20 · 8 =	70 · 3 =	90 · 6 =
19 · 4 =	29 · 5 =	59 · 5 =	49 · 7 =	99 · 4 =
20 · 4 =	30 · 5 =	60 · 5 =	50 · 7 =	100 · 4 =

2

Kreuze an.

19·3 hat das Ergebnis 57.

19·3 hat das gleiche Ergebnis wie 20·3−3.

20·3 kann mir bei der Aufgabe 19·3 helfen.

3

19 · 3 =	29 · 6 =	79 · 2 =	49 · 6 =	89 · 8 =
20 · 3 =	30 · 6 =	80 · 2 =	50 · 6 =	90 · 8 =
49 · 4 =	39 · 3 =	19 · 6 =	69 · 7 =	99 · 6 =
50 · 4 =	40 · 3 =	20 · 6 =	70 · 7 =	100 · 6 =
19 · 5 =	49 · 5 =	59 · 8 =	79 · 9 =	99 · 9 =
20 · 5 =	50 · 5 =	60 · 8 =	80 · 9 =	100 · 9 =

Überschlage und kreuze an.

1

$3 \cdot 67 =$ ◯ 201 ◯ 301

$2 \cdot 78 =$ ◯ 226 ◯ 156

$5 \cdot 85 =$ ◯ 515 ◯ 425

$4 \cdot 55 =$ ◯ 220 ◯ 180

$7 \cdot 46 =$ ◯ 322 ◯ 402

$5 \cdot 57 =$ ◯ 285 ◯ 205

$6 \cdot 54 =$ ◯ 324 ◯ 404

2

$4 \cdot 76 =$ ◯ 404 ◯ 304

$6 \cdot 48 =$ ◯ 228 ◯ 288

$8 \cdot 53 =$ ◯ 424 ◯ 384

$3 \cdot 87 =$ ◯ 261 ◯ 341

$8 \cdot 42 =$ ◯ 216 ◯ 336

$9 \cdot 34 =$ ◯ 306 ◯ 456

$7 \cdot 63 =$ ◯ 541 ◯ 441

3

$2 \cdot 168 =$ ◯ 536 ◯ 336

$3 \cdot 217 =$ ◯ 651 ◯ 451

$5 \cdot 118 =$ ◯ 590 ◯ 790

$2 \cdot 236 =$ ◯ 272 ◯ 472

$4 \cdot 124 =$ ◯ 696 ◯ 496

$5 \cdot 133 =$ ◯ 665 ◯ 265

$3 \cdot 145 =$ ◯ 435 ◯ 135

4

$6 \cdot 126 =$ ◯ 756 ◯ 956

$2 \cdot 327 =$ ◯ 854 ◯ 654

$3 \cdot 324 =$ ◯ 972 ◯ 872

$7 \cdot 142 =$ ◯ 542 ◯ 994

$2 \cdot 465 =$ ◯ 930 ◯ 665

$4 \cdot 217 =$ ◯ 868 ◯ 668

$8 \cdot 123 =$ ◯ 584 ◯ 984

1

2	·	40	=	
40	·	2	=	
80	:	2	=	
80	:	40	=	

3	·	50	=	
50	·	3	=	
150	:	3	=	
150	:	50	=	

5	·	60	=	
60	·	5	=	
300	:	5	=	
300	:	60	=	

2

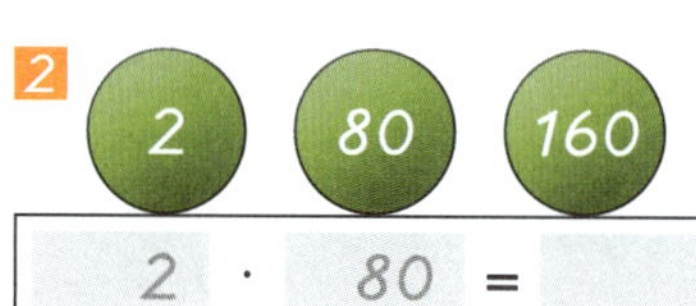

2	·	80	=	
	·		=	
160	:	2	=	
	:		=	

3	·	40	=	
	·		=	
120	:	3	=	
	:		=	

4	·	50	=	
	·		=	
200	:	4	=	
	:		=	

3

	·		=	
	·		=	
	:		=	
	:		=	

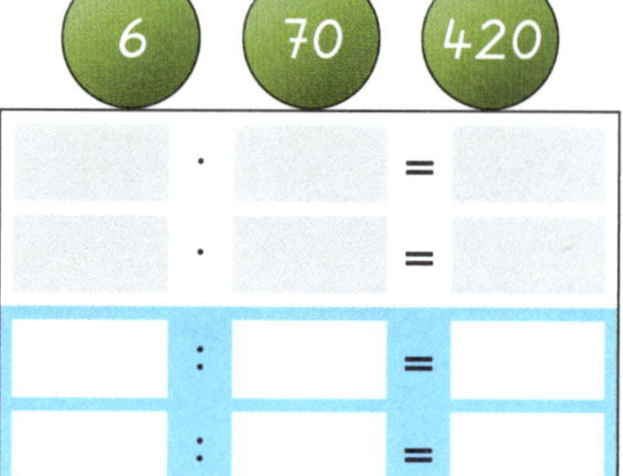

	·		=	
	·		=	
	:		=	
	:		=	

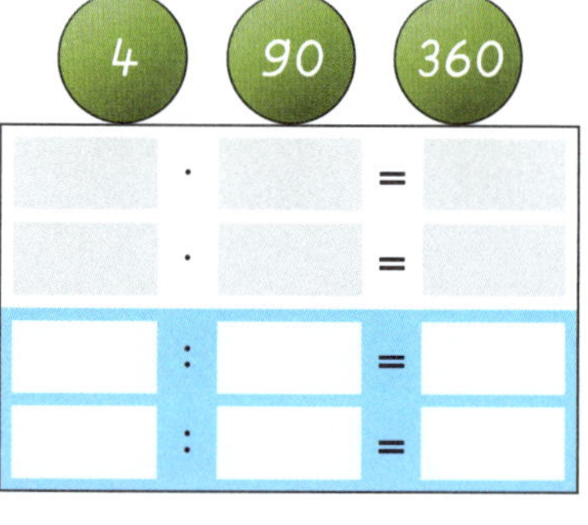

	·		=	
	·		=	
	:		=	
	:		=	

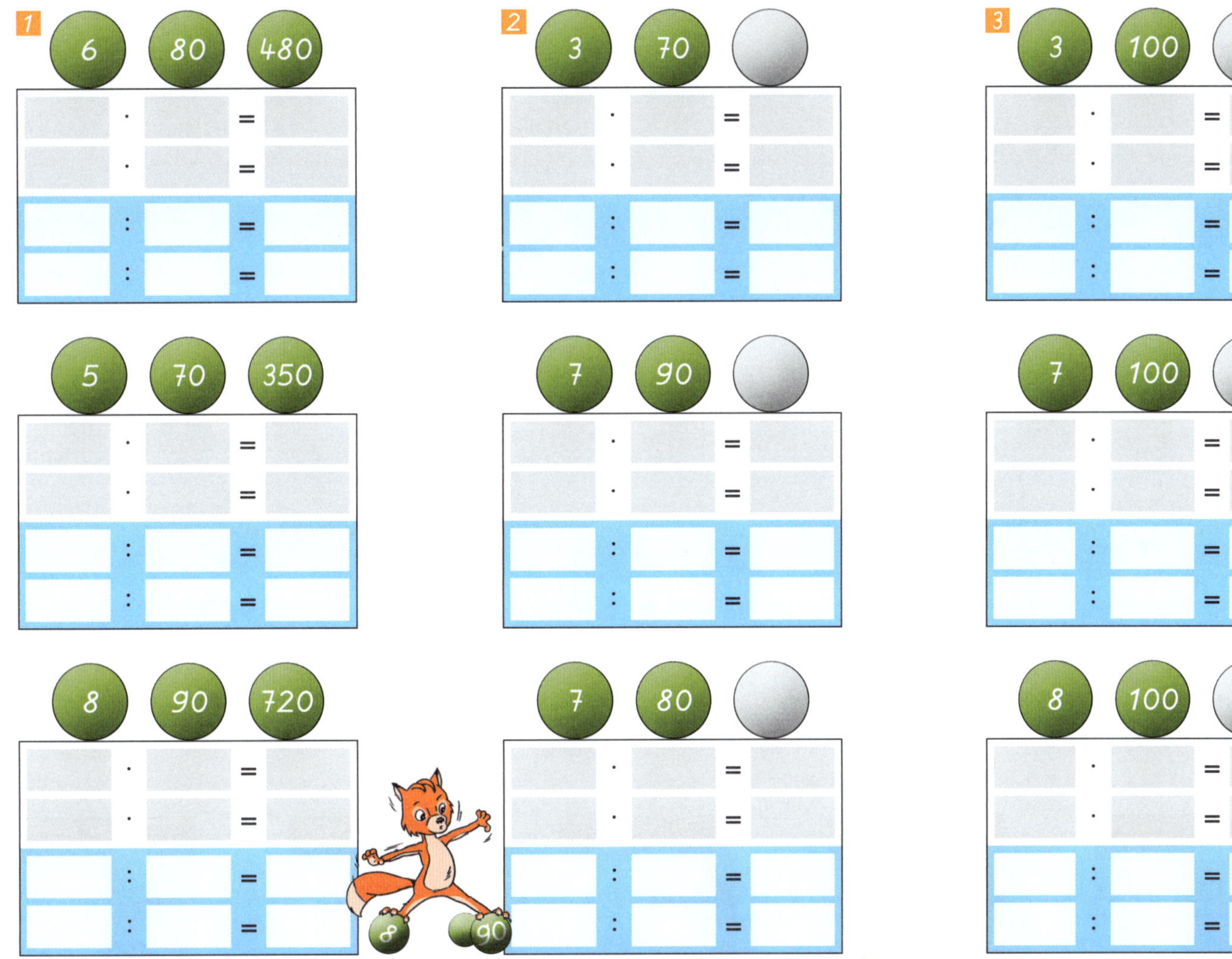

53

1

$4 : 2 =$	$9 : 3 =$	$8 : 4 =$	$10 : 2 =$
$40 : 2 =$	$90 : 3 =$	$80 : 4 =$	$100 : 2 =$
$400 : 2 =$	$900 : 3 =$	$800 : 4 =$	$1000 : 2 =$

$6 : 2 =$	$8 : 2 =$	$6 : 3 =$	$10 : 5 =$
$60 : 2 =$	$80 : 2 =$	$60 : 3 =$	$100 : 5 =$
$600 : 2 =$	$800 : 2 =$	$600 : 3 =$	$1000 : 5 =$

2

$14 : 2 =$	$12 : 4 =$	$24 : 3 =$	$25 : 5 =$	$70 : 10 =$
$140 : 2 =$	$120 : 4 =$	$240 : 3 =$	$250 : 5 =$	$700 : 10 =$

$16 : 8 =$	$24 : 6 =$	$63 : 7 =$	$42 : 6 =$	$90 : 10 =$
$160 : 8 =$	$240 : 6 =$	$630 : 7 =$	$420 : 6 =$	$900 : 10 =$

$15 : 5 =$	$18 : 9 =$	$24 : 4 =$	$54 : 9 =$	$100 : 10 =$
$150 : 5 =$	$180 : 9 =$	$240 : 4 =$	$540 : 9 =$	$1000 : 10 =$

3

:	4
32	
320	

:	6
36	
360	

:	5
45	
450	

:	9
72	
720	

:	7
35	
350	

1

250 : 5 =		160 : 8 =
300 : 5 =		240 : 8 =
350 : 5 =		320 : 8 =
240 : 3 =		800 : 10 =
270 : 3 =		900 : 10 =
300 : 3 =		1000 : 10 =
120 : 4 =		180 : 6 =
160 : 4 =		240 : 6 =
200 : 4 =		300 : 6 =
180 : 9 =		140 : 7 =
270 : 9 =		210 : 7 =
360 : 9 =		280 : 7 =

2

60 : 3 =
120 : 3 =

250 : 5 =
500 : 5 =

180 : 9 =
360 : 9 =

280 : 7 =
560 : 7 =

300 : 10 =
600 : 10 =

180 : 6 =
360 : 6 =

3

160 : 2 =
80 : 2 =

240 : 4 =
120 : 4 =

200 : 5 =
100 : 5 =

600 : 10 =
300 : 10 =

800 : 8 =
400 : 8 =

240 : 6 =
120 : 6 =

4

400 360   40

600 540   60

Halbschriftlich dividieren

$36 : 3$

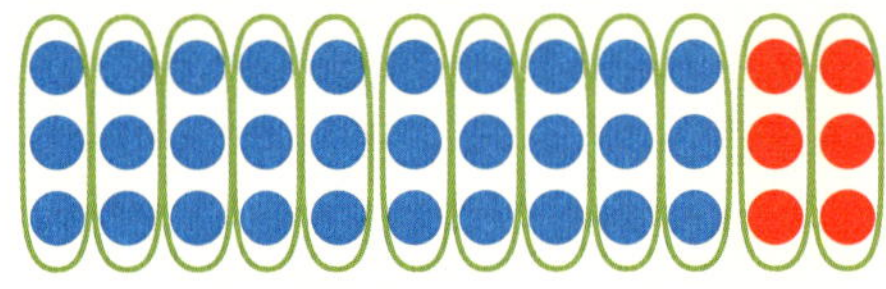

$30 : 3$ $6 : 3$

$36 : 3 = 12$

$30 : 3 = 10$

$6 : 3 = 2$

1

$39 : 3 =$	$28 : 2 =$
$30 : 3 = 10$	$20 : 2 =$
$9 : 3 = 3$	$8 : 2 =$

$48 : 4 =$	$88 : 8 =$
$40 : 4 = 10$	$80 : 8 =$
$8 : 4 = 2$	$8 : 8 =$

$66 : 6 =$	$36 : 3 =$
$60 : 6 = 10$	$30 : 3 =$
$6 : 6 =$	$6 : 3 =$

2

$42 : 3 =$	$60 : 5 =$
$30 : 3 =$	$50 : 5 =$
$12 : 3 =$	$10 : 5 =$

$64 : 4 =$	$51 : 3 =$
$40 : 4 =$	$30 : 3 =$
$24 : 4 =$	$21 : 3 =$

$90 : 6 =$	$91 : 7 =$
$60 : 6 =$	$70 : 7 =$
$30 : 6 =$	$21 : 7 =$

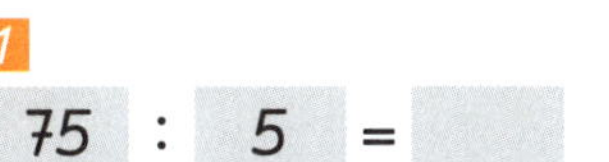

1

75	:	5	=
50	:	5	=
25	:	5	=

72	:	4	=
40	:	4	=
32	:		=

48	:	3	=
30	:	3	=
	:		=

78	:	6	=
60	:		=
	:		=

32	:	2	=
	:		=
	:		=

2

56	:	4	=
	:		=
	:		=

72	:	6	=
	:		=
	:		=

65	:	5	=
	:		=
	:		=

38	:	2	=
	:		=
	:		=

84	:	7	=
	:		=
	:		=

3

45	:	3	=
	:		=
	:		=

84	:	6	=
	:		=
	:		=

96	:	8	=
	:		=
	:		=

54	:	3	=
	:		=
	:		=

80	:	5	=
	:		=
	:		=

4

68	:	4	=
	:		=
	:		=

98	:	7	=
	:		=
	:		=

57	:	3	=
	:		=
	:		=

96	:	6	=
	:		=
	:		=

72	:	4	=
	:		=
	:		=

1

$26 : 2 =$
$20 : \quad =$
$\quad : \quad =$

$46 : 2 =$
$40 : \quad =$
$\quad : \quad =$

2

$33 : 3 =$
$30 : \quad =$
$\quad : \quad =$

$63 : 3 =$
$60 : \quad =$
$\quad : \quad =$

$93 : 3 =$
$90 : \quad =$
$\quad : \quad =$

3

$44 : 4 =$
$\quad : \quad =$
$\quad : \quad =$

$84 : 4 =$
$80 : \quad =$
$\quad : \quad =$

4

$24 : 2 =$
$\quad : \quad =$
$\quad : \quad =$

$44 : 2 =$
$\quad : \quad =$
$\quad : \quad =$

$64 : 2 =$
$\quad : \quad =$
$\quad : \quad =$

5

$36 : 3 =$
$\quad : \quad =$
$\quad : \quad =$

$66 : 3 =$
$\quad : \quad =$
$\quad : \quad =$

6

$28 : 2 =$
$\quad : \quad =$
$\quad : \quad =$

$48 : 2 =$
$\quad : \quad =$
$\quad : \quad =$

$68 : 2 =$
$\quad : \quad =$
$\quad : \quad =$

7

$48 : 4 =$
$\quad : \quad =$
$\quad : \quad =$

$88 : 4 =$
$\quad : \quad =$
$\quad : \quad =$

8

$39 : 3 =$
$\quad : \quad =$
$\quad : \quad =$

$69 : 3 =$
$\quad : \quad =$
$\quad : \quad =$

$99 : 3 =$
$\quad : \quad =$
$\quad : \quad =$

1

206 : 2 =

200 : =

: =

---

404 : 4 =

: =

: =

---

510 : 5 =

: =

: =

---

707 : 7 =

: =

: =

---

315 : 3 =

: =

: =

2

612 : 6 =

: =

: =

---

210 : 2 =

: =

: =

---

416 : 4 =

: =

: =

---

327 : 3 =

: =

: =

---

832 : 8 =

: =

: =

3

954 : 9 =

: =

: =

---

648 : 6 =

: =

: =

---

535 : 5 =

: =

: =

---

880 : 8 =

: =

: =

---

735 : 7 =

: =

: =

1

25 : 5 = ◻ R 0
26 : 5 = ◻ R 1
27 : 5 = ◻ R

36 : 6 = ◻ R
37 : 6 = ◻ R
38 : 6 = ◻ R

21 : 7 = ◻ R
22 : 7 = ◻ R
23 : 7 = ◻ R

18 : 9 = ◻ R
19 : 9 = ◻ R
20 : 9 = ◻ R

40 : 8 = ◻ R
42 : 8 = ◻ R
44 : 8 = ◻ R

2

30 : 3 = ◻ R
31 : 3 = ◻ R
32 : 3 = ◻ R

40 : 4 = ◻ R
42 : 4 = ◻ R
43 : 4 = ◻ R

50 : 5 = ◻ R
53 : 5 = ◻ R
54 : 5 = ◻ R

60 : 6 = ◻ R
64 : 6 = ◻ R
65 : 6 = ◻ R

70 : 7 = ◻ R
75 : 7 = ◻ R
76 : 7 = ◻ R

3

120 : 4 = ◻ R
121 : 4 = ◻ R
122 : 4 = ◻ R

250 : 5 = ◻ R
251 : 5 = ◻ R
253 : 5 = ◻ R

240 : 6 = ◻ R
241 : 6 = ◻ R
244 : 6 = ◻ R

420 : 7 = ◻ R
421 : 7 = ◻ R
425 : 7 = ◻ R

640 : 8 = ◻ R
641 : 8 = ◻ R
646 : 8 = ◻ R

4

300 : 3 = ◻ R
301 : 3 = ◻ R
302 : 3 = ◻ R

700 : 7 = ◻ R
705 : 7 = ◻ R
706 : 7 = ◻ R

500 : 5 = ◻ R
503 : 5 = ◻ R
504 : 5 = ◻ R

900 : 9 = ◻ R
907 : 9 = ◻ R
908 : 9 = ◻ R

600 : 6 = ◻ R
604 : 6 = ◻ R
605 : 6 = ◻ R

Überschlage und kreuze an.

1

381 : 3 =	○ 127
	○ 227
575 : 5 =	○ 15
	○ 115
791 : 7 =	○ 13
	○ 113
486 : 2 =	○ 243
	○ 343
672 : 6 =	○ 112
	○ 12
999 : 9 =	○ 11
	○ 111
896 : 8 =	○ 112
	○ 12

2

996 : 3 =	○ 132
	○ 332
484 : 4 =	○ 121
	○ 221
904 : 8 =	○ 113
	○ 13
585 : 5 =	○ 17
	○ 117
894 : 2 =	○ 347
	○ 447
784 : 7 =	○ 112
	○ 12
702 : 6 =	○ 17
	○ 117

3

812 : 7 =	○ 16
	○ 116
674 : 2 =	○ 437
	○ 337
665 : 5 =	○ 133
	○ 33
756 : 6 =	○ 26
	○ 126
892 : 4 =	○ 223
	○ 123
972 : 3 =	○ 124
	○ 324
928 : 8 =	○ 16
	○ 116

4

648 : 3 =	○ 216
	○ 316
819 : 7 =	○ 117
	○ 17
565 : 5 =	○ 13
	○ 113
912 : 8 =	○ 114
	○ 14
876 : 2 =	○ 138
	○ 438
876 : 4 =	○ 219
	○ 119
708 : 6 =	○ 118
	○ 18

Überschlagen

Schriftliche Addition
ohne Übertrag

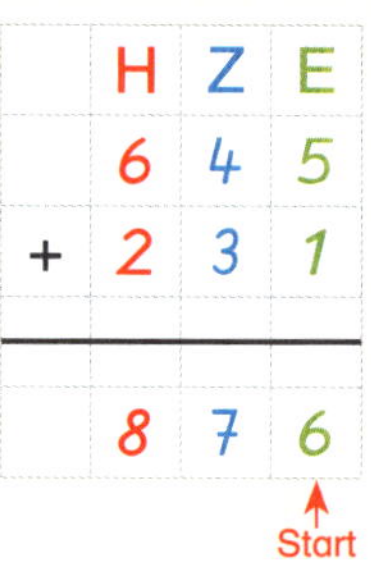

H	Z	E
6	4	5
+ 2	3	1
8	7	6

Start

1 Starte mit den Einern.

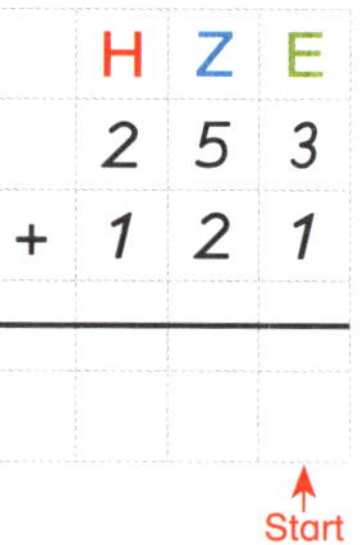

H	Z	E
2	5	3
+ 1	2	1

Start

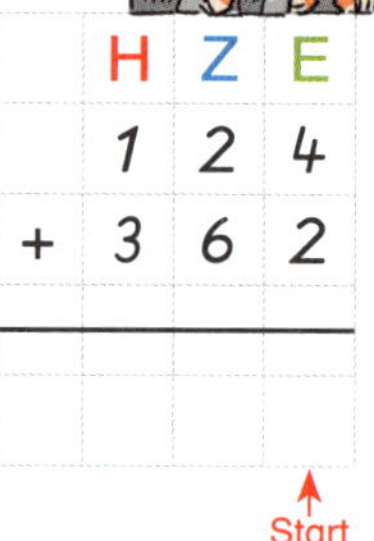

H	Z	E
1	2	4
+ 3	6	2

Start

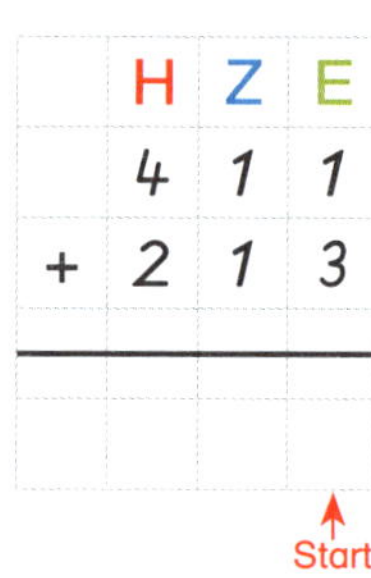

H	Z	E
4	1	1
+ 2	1	3

Start

2

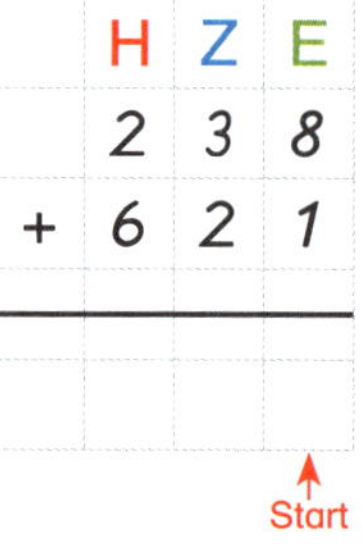

H	Z	E
2	3	8
+ 6	2	1

Start

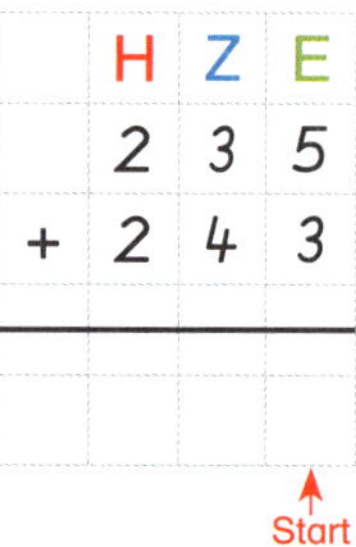

H	Z	E
2	3	5
+ 2	4	3

Start

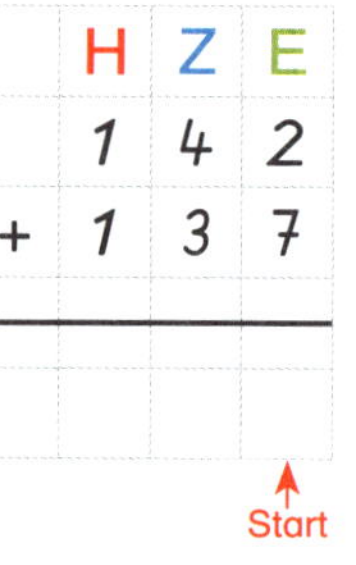

H	Z	E
1	4	2
+ 1	3	7

Start

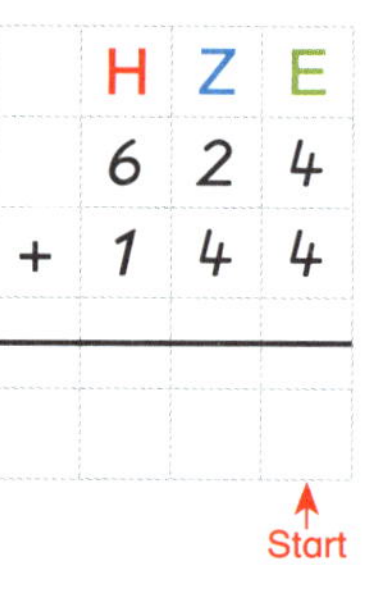

H	Z	E
6	2	4
+ 1	4	4

Start

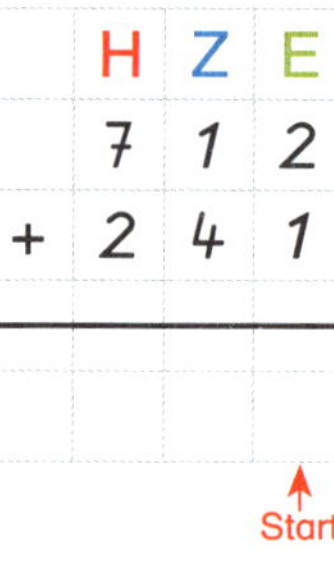

H	Z	E
7	1	2
+ 2	4	1

Start

3

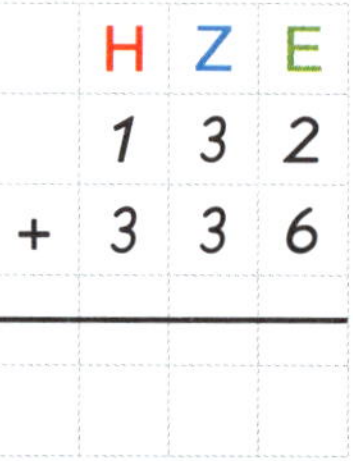

H	Z	E
1	3	2
+ 3	3	6

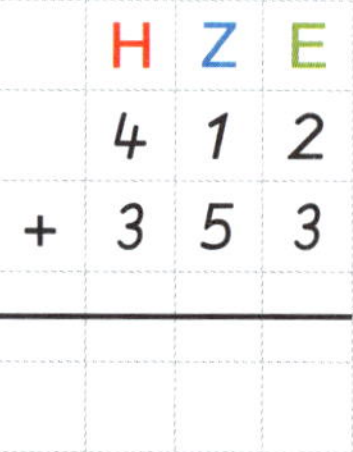

H	Z	E
4	1	2
+ 3	5	3

H	Z	E
3	4	2
+ 2	5	1

H	Z	E
3	2	5
+ 3	6	2

H	Z	E
5	1	4
+ 4	3	2

Schriftliche Addition
mit einem Übertrag

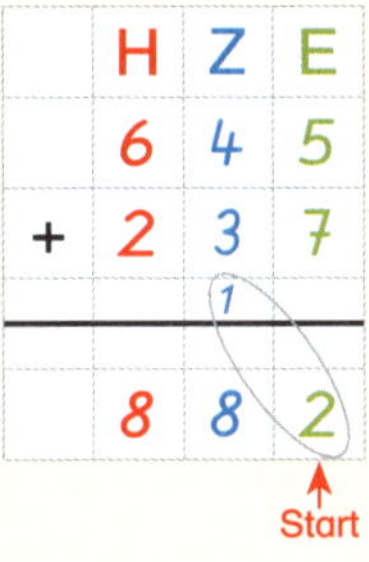

1

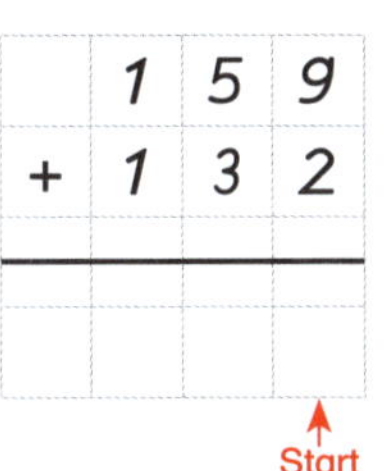
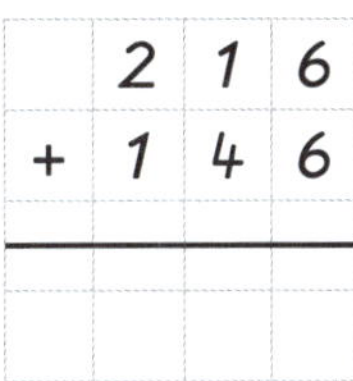
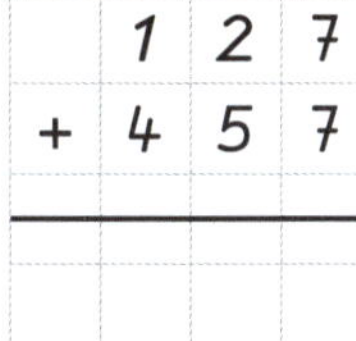

	1	5	9		2	1	6		1	2	7
+	1	3	2	+	1	4	6	+	4	5	7

Start

	3	1	6		4	1	2		2	3	8
+	1	6	5	+	2	3	9	+	1	4	8

2

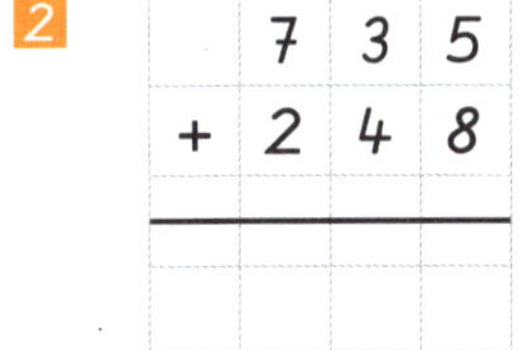

	7	3	5		4	3	9		1	6	2		5	4	1		1	4	8
+	2	4	8	+	2	1	5	+	3	8	5	+	3	8	7	+	1	2	3

3

	2	9	3		6	2	7		2	1	5		1	9	4		1	5	2
+	4	9	1	+	1	6	8	+	3	7	6	+	1	3	1	+	4	7	6

Schriftliche Addition
mit zwei Überträgen

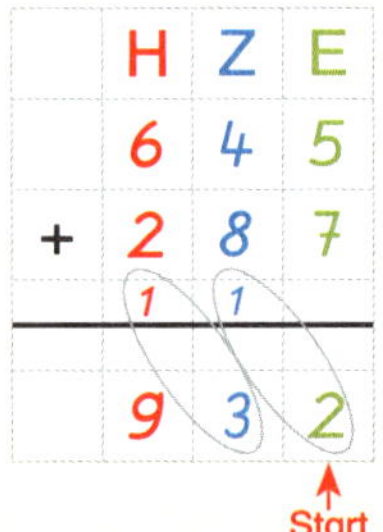

1

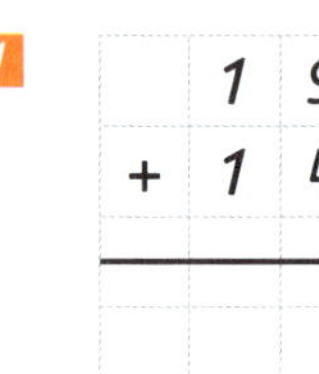

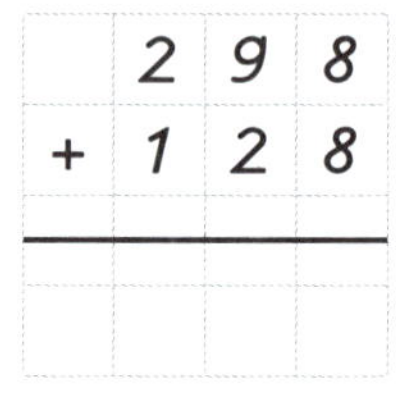

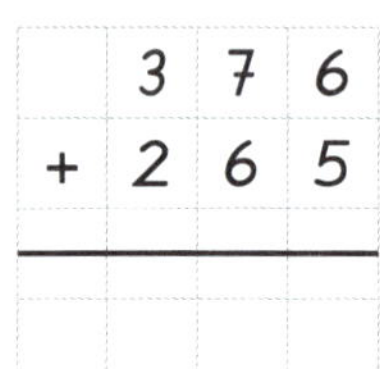

```
  1 9 8        2 9 8        3 7 6
+ 1 4 3      + 1 2 8      + 2 6 5
_______      _______      _______


  Start

  3 7 6        2 8 5        1 3 5
+ 4 7 9      + 2 5 6      + 2 9 8
_______      _______      _______
```

2 Kreuze an.

◯ Plus-Aufgaben nennt man Additions-Aufgaben.

◯ Beim schriftlichen Addieren beginne ich mit den Einern.

◯ Beim schriftlichen Addieren beginne ich mit den Hundertern.

3

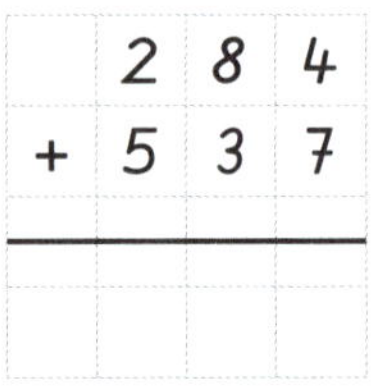

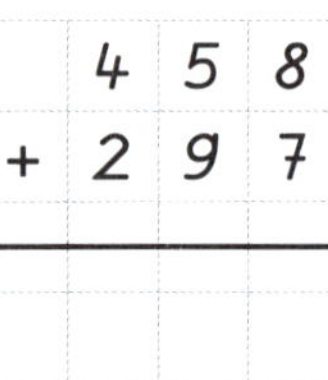

```
  2 8 4      1 8 8      2 6 4      7 3 5      4 5 8
+ 5 3 7    + 3 6 4    + 4 5 9    + 1 8 6    + 2 9 7
_______    _______    _______    _______    _______
```

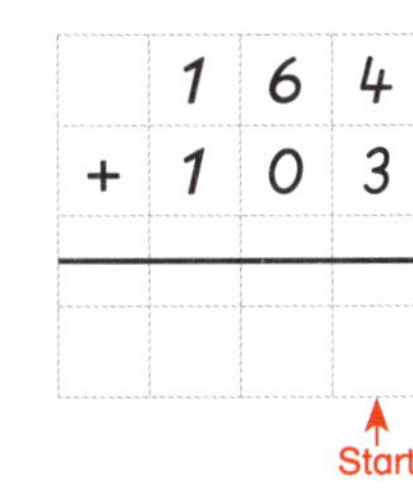

1

	1	6	4
+	1	0	3

↑ Start

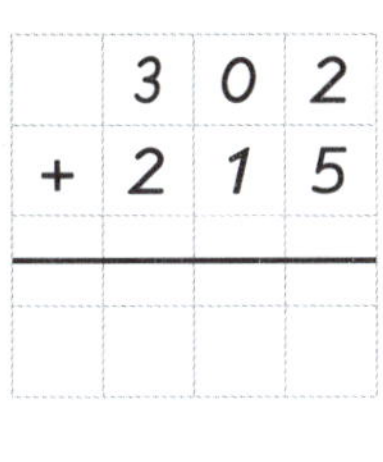

	3	0	2
+	2	1	5

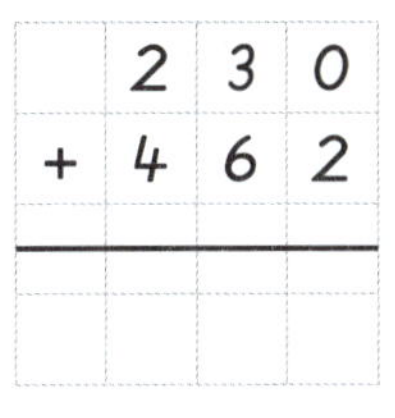

	2	3	0
+	4	6	2

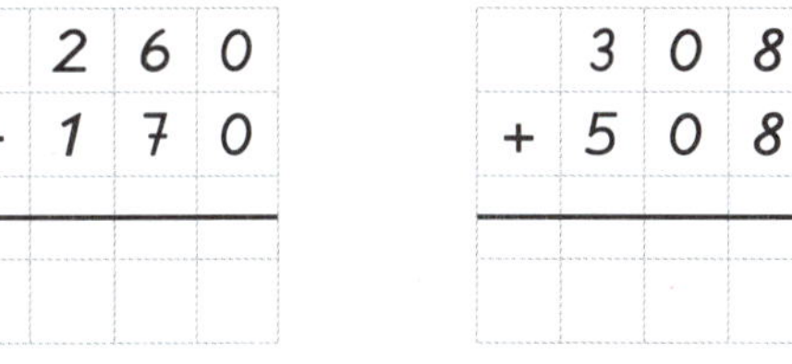

	2	6	0
+	1	7	0

	3	0	8
+	5	0	8

2

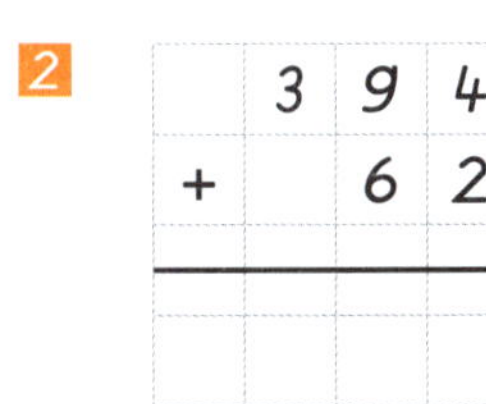

	3	9	4
+		6	2

	2	5	3
+		7	6

	1	7	6
+		7	2

		8	5
+		9	3

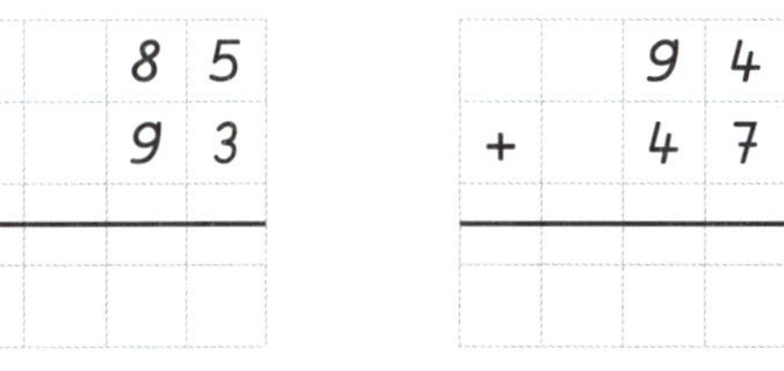

		9	4
+		4	7

3

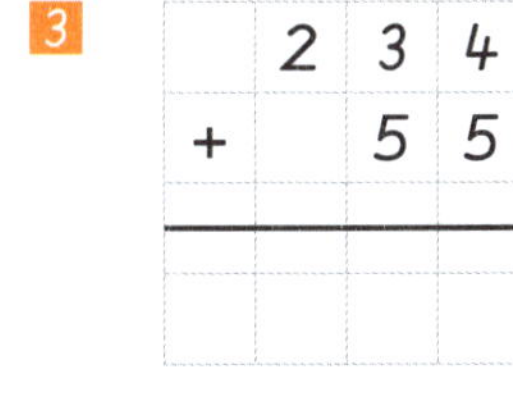

	2	3	4
+		5	5

	6	2	5
+		7	3

		6	2
+	5	1	3

		4	5
+	8	2	9

	9	3	6
+		2	8

4

	1	7	4
+	1	3	2

	3	1	2
+	2	4	8

	1	1	3
+	2	9	4

	2	5	9
+	4	4	6

	6	3	8
+	1	6	5

Schriftliche Subtraktion

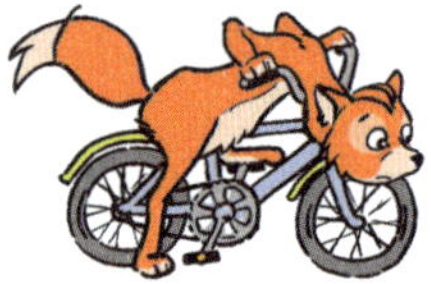

Ergänzungsverfahren

Ohne Übertrag

H	Z	E
8	6	4
− 3	3	2
5	3	2

Start

Ein Übertrag

H	Z	E
8	6	4
− 3	3	8
		1
5	2	6

Start

Zwei Überträge

H	Z	E
8	6	4
− 3	7	8
	1	1
4	8	6

Start

Abziehverfahren

Ohne Entbündelung

H	Z	E
8	6	4
− 3	3	2
5	3	2

Start

Eine Entbündelung

H	Z	E
	5	14
8	6̸	4̸
− 3	3	8
5	2	6

Start

Zwei Entbündelungen

H	Z	E
7	15	14
8̸	6̸	4̸
− 3	7	8
4	8	6

Start

Schriftliche Subtraktion ohne Übertrag / Entbündelung

1

H	Z	E
5	7	4
− 1	4	2

H	Z	E
8	2	7
− 6	1	3

Start

H	Z	E
3	9	6
− 2	5	4

Start

H	Z	E
9	5	7
− 4	2	6

Start

H	Z	E
7	9	8
− 3	5	1

Start

2

H	Z	E
7	5	4
− 6	1	2

H	Z	E
9	6	3
− 3	5	1

H	Z	E
8	7	6
− 4	3	5

H	Z	E
9	2	8
− 2	1	3

H	Z	E
6	4	9
− 3	2	5

3

H	Z	E
9	3	8
− 1	2	3

H	Z	E
6	7	4
− 4	2	3

H	Z	E
7	8	9
− 1	2	6

H	Z	E
8	6	9
− 6	3	2

H	Z	E
7	6	7
− 2	3	5

1

8 6 3	7 8 1	5 7 4	6 8 3	9 5 2
− 3 1 6	− 6 4 4	− 2 3 8	− 2 1 9	− 1 3 6

Start

2

5 6 8	7 9 1	9 1 7	6 8 1	9 8 2
− 1 8 3	− 2 4 9	− 1 8 4	− 2 5 5	− 3 4 9

3

8 5 2	9 2 8	6 4 8	5 9 1	7 8 2
− 2 3 5	− 5 8 3	− 3 7 6	− 4 2 6	− 3 4 5

Schriftliche Subtraktion mit zwei Überträgen / Entbündelungen

1

5	3	1
− 3	5	6

↑ Start

8	2	4
− 2	5	7

7	3	2
− 4	7	6

6	3	1
− 4	3	9

5	2	2
− 1	5	8

2 Kreuze an.

◯ Minus-Aufgaben nennt man Subtraktions-Aufgaben.

◯ Beim schriftlichen Subtrahieren beginne ich mit den Hundertern.

◯ Beim schriftlichen Subtrahieren beginne ich mit den Einern.

3

6	2	2
− 3	3	9

8	3	1
− 1	7	5

7	3	1
− 5	5	8

9	4	1
− 1	8	2

6	8	2
− 1	8	7

4

9	2	2
− 2	4	8

8	2	3
− 3	6	4

6	4	6
− 2	6	8

7	4	1
− 5	4	3

9	3	1
− 4	8	5

Probe beim Subtrahieren

Das Ergebnis einer Subtraktionsaufgabe kannst du mit der Umkehraufgabe überprüfen.

$657 - 236 = 121$

◯ richtig

✕ falsch

	1	2	1
+	2	3	6
	3	5	7

$657 - 236 = 421$

✕ richtig

◯ falsch

	4	2	1
+	2	3	6
	6	5	7

Überprüfe mit der Umkehraufgabe.

$479 - 238 = 241$

◯ richtig

◯ falsch

	2	4	1
+	2	3	8

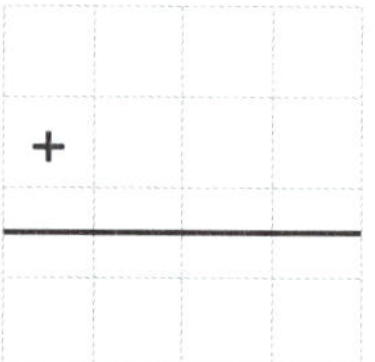

$279 - 125 = 164$

◯ richtig

◯ falsch

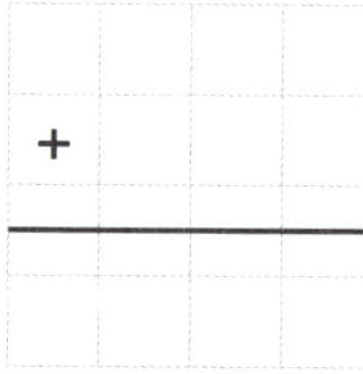

$768 - 416 = 352$

◯ richtig

◯ falsch

$925 - 241 = 684$

◯ richtig

◯ falsch

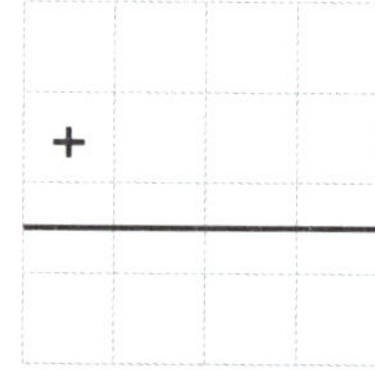

Überprüfe mit der Umkehraufgabe.

1

$389 - 135 = 254$

 richtig

 falsch

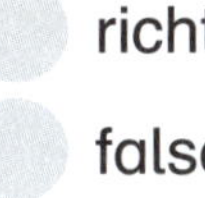

$748 - 275 = 453$

richtig

falsch

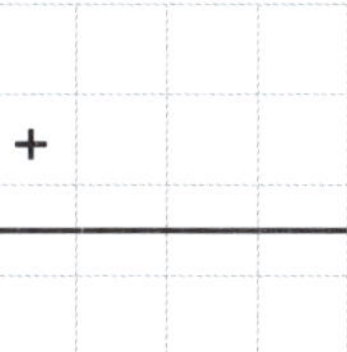

2 Kreuze an.

Subtraktionsaufgaben kann ich mit der Umkehraufgabe überprüfen.

Die Umkehraufgabe einer Subtraktionsaufgabe ist eine Additionsaufgabe.

Die Umkehraufgabe einer Subtraktionsaufgabe ist eine Subtraktionsaufgabe.

3

$876 - 531 = 365$

 richtig

 falsch

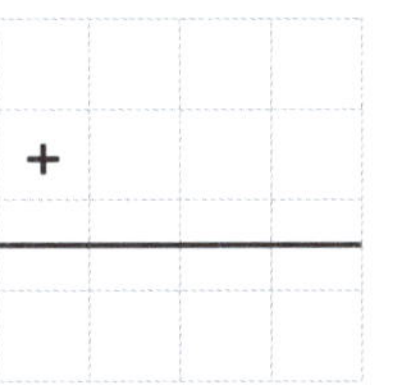

$542 - 346 = 196$

richtig

falsch

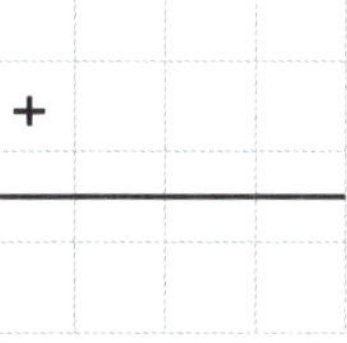

$963 - 278 = 685$

 richtig

 falsch

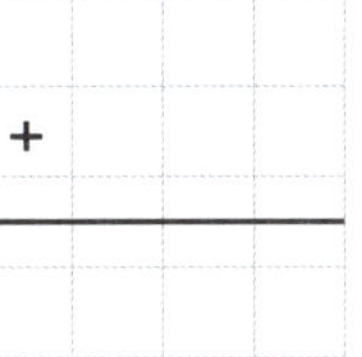

$674 - 528 = 144$

richtig

falsch

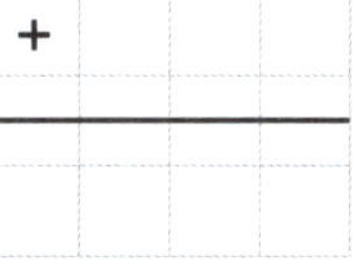

Probe bei der Subtraktion

1

$157 + 99 =$

$157 + 100 - 1 =$

$384 + 398 =$

$384 + 400 - 2 =$

$682 + 198 =$

$682 + 200 - 2 =$

$266 + 199 =$

$266 + 200 - 1 =$

$437 + 197 =$

$437 + 200 - 3 =$

$176 + 498 =$

$176 + 500 - 2 =$

$345 + 299 =$

$345 + 300 - 1 =$

$657 + 299 =$

$657 + 300 - 1 =$

$568 + 297 =$

$568 + 300 - 3 =$

2

Kreuze an.

○ $256 + 199$ hat das Ergebnis 455.

○ $256 + 199$ hat das gleiche Ergebnis wie $256 + 200 - 1$.

○ $256 + 200 - 1$ kann mir bei der Aufgabe $256 + 199$ helfen.

3

$334 + 298 =$

$285 + 199 =$

$357 + 299 =$

$465 + 298 =$

$328 + 598 =$

$376 + 299 =$

$773 + 199 =$

$487 + 399 =$

$278 + 198 =$

$455 + 297 =$

$137 + 699 =$

$543 + 398 =$

4

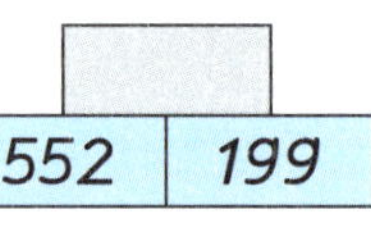

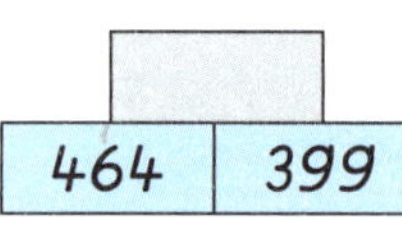

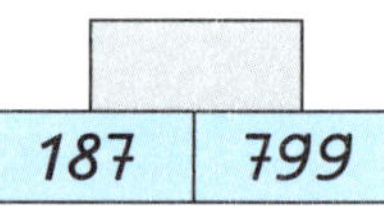

1

$176 - 99 \ =$	$546 - 398 \ =$	$973 - 598 \ =$
$176 - 100 + 1 =$	$546 - 400 + 2 =$	$973 - 600 + 2 =$
$453 - 199 \ =$	$815 - 198 \ =$	$734 - 197 \ =$
$453 - 200 + 1 =$	$815 - 200 + 2 =$	$734 - 200 + 3 =$
$964 - 397 \ =$	$632 - 499 \ =$	$921 - 499 \ =$
$964 - 400 + 3 =$	$632 - 500 + 1 =$	$921 - 500 + 1 =$
$784 - 399 \ =$	$837 - 298 \ =$	$963 - 699 \ =$
$784 - 400 + 1 =$	$837 - 300 + 2 =$	$963 - 700 + 1 =$

2 Kreuze an.

○ $453-199$ hat das gleiche Ergebnis wie $453-200$.

○ $453-199$ hat das gleiche Ergebnis wie $453-200+1$.

○ $453-200+1$ kann mir bei der Aufgabe $453-199$ helfen.

3

$436 - 198 =$	$724 - 599 =$	$682 - 297 =$	$684 - 199 =$
$952 - \ 99 =$	$843 - 498 =$	$973 - 799 =$	$841 - 698 =$
$484 - 298 =$	$765 - 197 =$	$836 - 398 =$	$715 - 498 =$

Überschlage und kreuze an.

1

156 + 138 =
- ○ 294
- ○ 494

287 + 172 =
- ○ 359
- ○ 459

238 + 146 =
- ○ 384
- ○ 484

573 + 264 =
- ○ 837
- ○ 637

461 + 474 =
- ○ 835
- ○ 935

343 + 328 =
- ○ 771
- ○ 671

482 + 247 =
- ○ 729
- ○ 629

2

364 + 271 =
- ○ 835
- ○ 635

436 + 447 =
- ○ 983
- ○ 883

284 + 278 =
- ○ 562
- ○ 462

581 + 346 =
- ○ 827
- ○ 927

348 + 134 =
- ○ 482
- ○ 582

472 + 163 =
- ○ 635
- ○ 835

367 + 386 =
- ○ 653
- ○ 753

3

427 + 146 =
- ○ 473
- ○ 573

374 + 261 =
- ○ 635
- ○ 835

584 + 137 =
- ○ 821
- ○ 721

678 + 214 =
- ○ 892
- ○ 792

273 + 261 =
- ○ 734
- ○ 534

463 + 478 =
- ○ 841
- ○ 941

736 + 127 =
- ○ 863
- ○ 763

4

364 + 377 =
- ○ 741
- ○ 941

481 + 432 =
- ○ 813
- ○ 913

346 + 218 =
- ○ 564
- ○ 664

437 + 184 =
- ○ 721
- ○ 621

573 + 267 =
- ○ 840
- ○ 640

476 + 316 =
- ○ 792
- ○ 992

688 + 243 =
- ○ 831
- ○ 931

Finde zuerst die **einfachen Paare** und rechne geschickt.

1

80 + 76 + 20 =
179 + 193 + 7 =
140 + 382 + 60 =
270 + 168 + 30 =
251 + 370 + 30 =

2

184 + 109 − 9 =
260 + 372 − 60 =
456 + 380 − 80 =
588 + 436 − 36 =
235 + 687 − 35 =

3

191 + 9 + 194 + 6 =
480 + 170 + 20 + 30 =
192 + 270 + 30 + 8 =
360 + 40 + 196 + 4 =
299 + 520 + 1 + 80 =

4 Kreuze an.

◯ In der Aufgabe 179+193+7 ist ein einfaches Paar.

◯ In der Aufgabe 179+193+188 ist ein einfaches Paar.

◯ Einfache Paare sollten zuerst gerechnet werden.

5

198 + 45 + 2 =
230 + 182 + 70 =
453 + 280 + 20 =
160 + 471 + 40 =
589 + 294 + 6 =

6

160 + 74 − 60 =
283 + 108 − 8 =
472 + 250 − 50 =
380 + 145 − 80 =
154 + 467 − 67 =

7

210 + 120 − 10 + 80 =
395 + 507 + 5 − 7 =
170 + 340 + 60 − 70 =
453 + 370 − 53 + 30 =
284 + 450 + 50 − 84 =

1

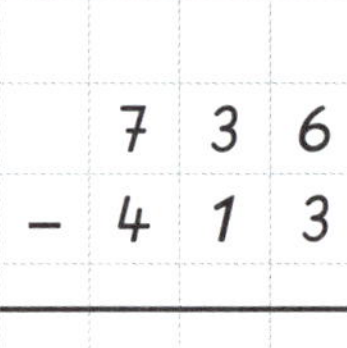

| 7 | 3 | 6 |
| - 4 | 1 | 3 |

| 8 | 7 | 9 |
| - 2 | 3 | 6 |

| 5 | 4 | 8 |
| - 1 | 8 | 3 |

| 9 | 7 | 6 |
| - 2 | 5 | 1 |

| 6 | 3 | 8 |
| - 1 | 1 | 9 |

Start

2

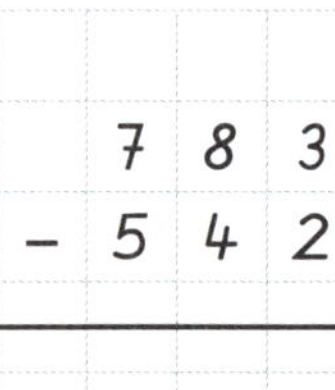

| 7 | 8 | 3 |
| - 5 | 4 | 2 |

| 9 | 6 | 5 |
| - 4 | 8 | 3 |

| 4 | 7 | 9 |
| - 3 | 2 | 5 |

| 8 | 3 | 2 |
| - 4 | 7 | 6 |

| 6 | 8 | 9 |
| - 1 | 2 | 7 |

3

| 5 | 7 | 4 |
| - 4 | 1 | 2 |

| 8 | 9 | 7 |
| - 3 | 6 | 5 |

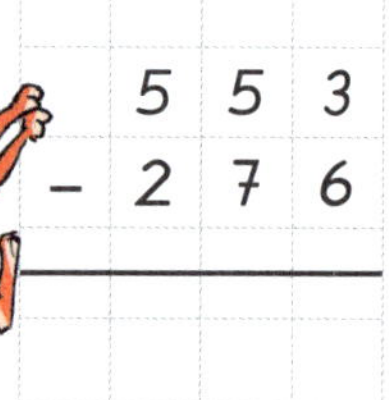

| 5 | 5 | 3 |
| - 2 | 7 | 6 |

| 9 | 3 | 8 |
| - 3 | 1 | 5 |

| 7 | 5 | 4 |
| - 4 | 2 | 6 |

4

| 8 | 4 | 6 |
| - 1 | 2 | 5 |

| 4 | 6 | 2 |
| - 2 | 7 | 8 |

| 9 | 8 | 5 |
| - 1 | 2 | 4 |

| 7 | 9 | 8 |
| - 2 | 3 | 4 |

| 6 | 7 | 4 |
| - 2 | 8 | 7 |

1

	5 6 7	8 4 6	4 5 7	3 9 7	6 2 8
	− 3 2 7	− 2 4 5	− 4 2 5	− 3 5 2	− 5 6 4

Start

2

	9 8 6	5 4 7	9 4 9	4 2 6	9 3 2
	− 5 4	− 7 2	− 6 6	− 3 9 8	− 1 9 8

3

	6 2 7	7 5 3	8 6 3	7 6 9	9 4 5
	− 3 0 1	− 2 0 8	− 1 4 0	− 5 0 6	− 3 0 6

4

	8 5 0	4 9 0	8 6 0	6 0 1	7 0 0
	− 4 2 5	− 3 1 2	− 3 2 8	− 2 4 3	− 4 3 1

Überschlage und kreuze an.

1

$662 - 237 =$	○	425
	○	325
$746 - 462 =$	○	484
	○	284
$973 - 138 =$	○	735
	○	835
$834 - 471 =$	○	263
	○	363
$684 - 146 =$	○	538
	○	438
$428 - 231 =$	○	297
	○	197
$567 - 288 =$	○	279
	○	179

2

$528 - 163 =$	○	465
	○	365
$934 - 247 =$	○	687
	○	887
$762 - 538 =$	○	224
	○	124
$817 - 243 =$	○	574
	○	774
$646 - 472 =$	○	174
	○	374
$483 - 174 =$	○	209
	○	309
$834 - 386 =$	○	648
	○	448

3

$681 - 173 =$	○	508
	○	408
$523 - 246 =$	○	277
	○	177
$936 - 162 =$	○	674
	○	774
$764 - 328 =$	○	636
	○	436
$846 - 487 =$	○	259
	○	359
$972 - 314 =$	○	458
	○	658
$467 - 278 =$	○	289
	○	189

4

$867 - 248 =$	○	619
	○	519
$713 - 567 =$	○	146
	○	346
$528 - 132 =$	○	396
	○	296
$631 - 474 =$	○	157
	○	357
$872 - 326 =$	○	746
	○	546
$946 - 687 =$	○	259
	○	159
$724 - 238 =$	○	486
	○	686

1

| 124 – 123 = | 201 – 198 = | 734 – 729 = | 586 – 585 = |
| 123 + ___ = 124 | 198 + ___ = 201 | 729 + ___ = 734 | 585 + ___ = 586 |

| 348 – 347 = | 461 – 459 = | 301 – 299 = | 671 – 667 = |
| 347 + ___ = 348 | 459 + ___ = 461 | 299 + ___ = 301 | 667 + ___ = 671 |

2   Kreuze an.

○ $201-198$ hat das Ergebnis **3**.

○ $198+3$ hat das Ergebnis 201.

○ $198+3=201$ kann mir bei der Aufgabe $201-198$ helfen.

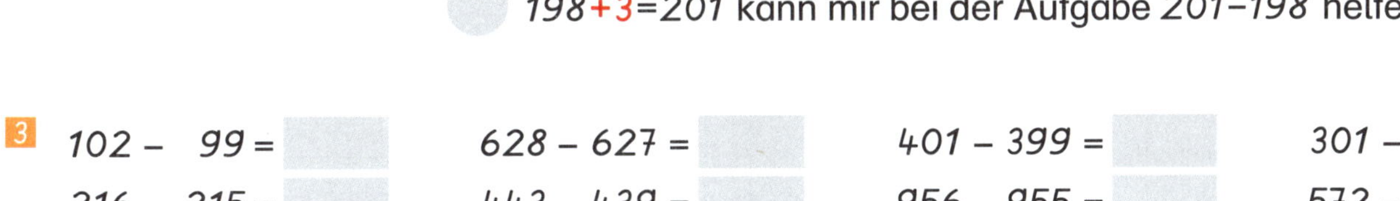

3

102 – 99 =	628 – 627 =	401 – 399 =	301 – 298 =
216 – 215 =	443 – 439 =	956 – 955 =	572 – 567 =
391 – 389 =	901 – 898 =	791 – 789 =	601 – 598 =

4

–	567	565	566	563	564
568					

–	635	633	636	632	634
637					

–	349	350	347	348	351
352					

–	797	800	796	798	799
801					

·	11	12	13	14	15	16	17	18	19	20
0	0									
1										
2										
3										
4										
5										
6										
7										
8										
9										
10										